HERBES AROMATIQUES
BUREAU DU RECTEUR
TOUR DU NORD
RÉFECTOIRE
RAXFORD
AMPHITHÉÂTRE
ESCALIER DES CARTES DE GÉOGRAPHIE
RAXFORD

MW01714143

Bienvenue
dans le monde des

Téa Sisters

Ce livre appartient à :

Nicky

Prénom : Nicky
Surnom : Nic
Origine : Océanie (Australie)
Rêve : s'occuper d'écologie !
Passions : les grands espaces et la nature !
Qualités : elle est toujours de bonne humeur… Il suffit qu'elle soit en plein air !
Défauts : elle ne tient pas en place !
Secret : elle est claustrophobe, elle ne supporte pas d'être dans un espace clos !

Salut, c'est Téa !

Oui, Téa Stilton, la sœur de *Geronimo Stilton !* Je suis envoyée spéciale de *l'Écho du rongeur*, le journal le plus célèbre de l'île des Souris. J'adore les voyages et l'aventure, et j'aime rencontrer des gens du monde entier !

C'est à Raxford, le collège dont je suis diplômée et où l'on m'a invitée à donner des cours, que j'ai rencontré cinq filles très spéciales : Colette, Nicky, Paméla, Paulina et Violet. Dès le premier instant, elles se sont liées d'une véritable amitié. Et elles ont tant d'affection pour moi qu'elles ont décidé de baptiser leur groupe de mon nom : Téa Sisters (en anglais, cela signifie les « Sœurs Téa ») ! Ce fut une grande émotion pour moi. Et c'est pour ça que j'ai décidé de raconter leurs aventures. Les assourissantes aventures des…

Téa Sisters

Colette

Prénom : Colette

Surnom : Coco

Origine : Europe (France)

Rêve : elle fait très attention à son look. D'ailleurs, son grand rêve, c'est de devenir journaliste de mode !

Passions : elle a une vraie passion pour la couleur rose !

Qualités : elle est très entreprenante et aime aider les autres !

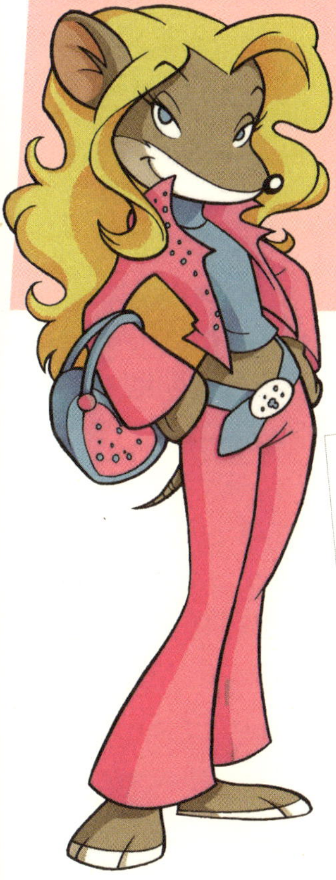

Défauts : elle est toujours en retard !

Secret : pour se détendre, il lui suffit de se faire un shampoing et un brushing, ou bien d'aller passer un moment chez la manucure !

Violet

Prénom : Violet

Surnom : Vivi

Origine : Asie (Chine)

Violet

Rêve : devenir une grande violoniste !

Passions : étudier. C'est une véritable intellectuelle !

Qualités : elle est très précise et aime toujours découvrir de nouvelles choses.

Défauts : elle est un peu susceptible et ne supporte pas qu'on se moque d'elle. Quand elle n'a pas assez dormi, elle n'arrive plus à se concentrer !

Secret : pour se détendre, elle écoute de la musique classique et boit du thé vert parfumé aux fruits.

Paulina

Prénom : Paulina

Surnom : Pilla

Origine : Amérique du Sud (Pérou)

Rêve : devenir scientifique !

Passions : elle aime voyager et rencontrer des gens de tous les pays. Elle adore sa petite sœur Maria.

Qualités : elle est très altruiste !

Défauts : elle est un peu timide... et un peu brouillonne.

Secret : les ordinateurs n'ont pas de secret pour elle. Elle est capable de résoudre des énigmes très compliquées en récoltant mille informations sur Internet !

Paméla

Prénom : Paméla
Surnom : Pam
Origine : Afrique (Tanzanie)
Rêve : devenir journaliste sportive ou mécanicienne automobile !
Passions : la pizza, la pizza et encore la pizza ! Elle en mangerait même au petit déjeuner !
Qualités : elle a beau avoir des manières un peu brusques, elle est la pacifiste du groupe ! Elle ne supporte ni les disputes ni les discussions.
Défauts : elle est très impulsive !
Secret : donnez-lui un tournevis et une clef anglaise, et elle résoudra tous vos problèmes de mécanique !

VEUX-TU ÊTRE UNE TEA SISTER ?

____

ÉCRIS ICI TON PRÉNOM !

Prénom : __________

Surnom : __________

Origine : ________________________

Rêve : ____________________

____

____

Passions : ___________________________

Qualités : ___________________________

____

Défauts : ___________________________

Secret : ____________________________

____

COLLE ICI
TA PHOTO !

Un remerciement spécial au Professeur Matilde Borla, égyptologue de la direction des biens archéologiques du Piémont et du musée d'Antiquités égyptiennes.

Texte de Téa Stilton.
*Basé sur une idée originale d'*Elisabetta Dami.
Coordination des textes de Sarah Rossi *(Atlantyca S.p.A.)*.
Coordination éditoriale de Patrizia Puricelli *et* Serena Bellani, *avec la collaboration de* Viviana Donella.
Conseil en histoire de Aristide Malnati.
Coordination artistique de Flavio Ferron.
Édition de Red Whale *(*Katja Centomo *et* Francesco Artibani*)*.
Direction éditoriale de Flavia Barelli *et* Mariantonia Cambareri.
Supervision des textes de Caterina Mognato.
Sujet de Caterina Mognato *et* Francesco Artibani.
Dessins de référence de Manuela Razzi.
Illustrations de Francesco Bisaro, Jacopo Brandi, Elisa Falcone, Paolo Ferrante, Michela Frare, Daniela Geremia, Yoko Ippolitoni, Rosa La Barbera, Roberta Pierpaoli, Arianna Rea, Maurizio Roggerone *et* Roberta Tedeschi.
Couleurs de Alessandra Bracaglia, Ketty Formaggio, Elena Sanjust *et* Micaela Tangorra.
Couverture de Arianna Rea *(dessin)*, Daniela Geremia *(encrage) et* Ketty Formaggio *(couleurs)*.
Graphisme de Paola Cantoni. *Avec la collaboration de* Michela Battaglin.
Traduction de Lili Plumedesouris.

www.geronimostilton.com

Pour l'édition originale :
© 2009, Edizioni Piemme S.p.A. – Via Tiziano, 32 – 20145 Milan – Italie – www.edizpiemme.it
info@edizpiemme.it – sous le titre *Caccia allo scarabeo blu*.
International rights © Atlantyca S.p.A. – Via Leopardi, 8 – 20123 Milan, Italie – www.atlantyca.com
contact : foreignrights@atlantyca.it
Pour l'édition française :
© 2011, Albin Michel Jeunesse – 22, rue Huyghens, 75014 Paris
www.albin-michel.fr
Loi n° 49-956 du 16 juillet 1949 sur les publications destinées à la jeunesse
Dépôt légal : premier semestre 2011
N° d'édition : 19334
Isbn-13 : 978 2 226 22014 1
Imprimé en France par Pollina s.a. L56284

Téa Stilton

LA PISTE DU SCARABÉE BLEU

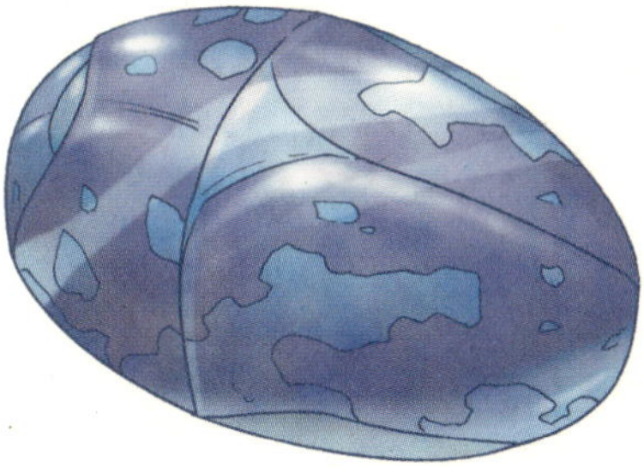

Albin Michel Jeunesse

Salut les amis !

VOUS AUSSI, VOUS VOULEZ AIDER LES TÉA SISTERS À TROUVER LE TRÉSOR DES PYRAMIDES ?
CE N'EST PAS DIFFICILE. IL SUFFIT DE SUIVRE MES INDICATIONS !

QUAND VOUS VERREZ CETTE LOUPE, FAITES BIEN ATTENTION : C'EST LE SIGNAL QU'UN INDICE IMPORTANT EST CACHÉ DANS LA PAGE.
DE TEMPS EN TEMPS, NOUS FERONS LE POINT, DE MANIÈRE À NE RIEN OUBLIER.
ALORS, VOUS ÊTES PRÊTS ?
LE MYSTÈRE VOUS ATTEND !

EN VOL AVEC MARIA

J'adore **VOYAGER** !

Parcourir le monde est normal pour moi : je suis Téa Stilton, envoyée spéciale de *l'Écho du rongeur*, et visiter des pays nouveaux à la recherche d'un **SCOOP** fait partie de mon métier.

Ce jour-là, cependant, je voyageais pour une occasion spéciale. J'étais à bord d'un avion qui se rendait en Égypte et sur le siège voisin du mien était assise une sympathique souricette de huit ans, venue tout droit… du **PÉROU** !

LOUXOR

Louxor *(Al Uqsur)* est le nom actuel de l'ancienne cité de Thèbes qui, au temps des pharaons, était beaucoup plus vaste que la ville actuelle.

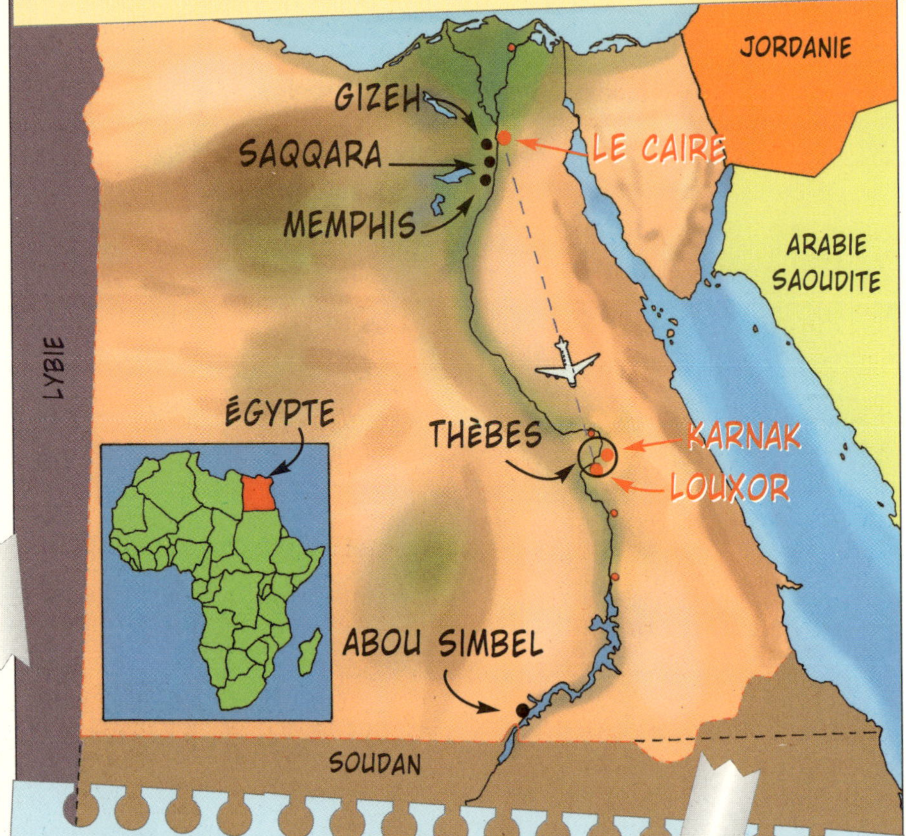

THÈBES

Thèbes fut pendant de nombreux siècles la capitale de l'Égypte. Ce nom lui fut donné par les Grecs mais son nom égyptien était *Ouaset,* qui signifie « La Puissante ». De l'ancienne Thèbes il reste aujourd'hui les temples de Karnak et de Louxor sur la rive droite (est) du Nil ; et sur la rive gauche (ouest), la Vallée des rois et la Vallée des reines, où ont été retrouvés les magnifiques tombeaux de nombreux souverains. Le plus connu est celui du pharaon **Toutankhamon**.

Vous l'avez reconnue ? Maria, la petite sœur de Paulina* ! Nous nous rendions à Louxor pour retrouver PAULINA et les autres Téa Sisters. Les cinq élèves les plus brillantes que j'aie jamais eues ! Pourquoi à Louxor et pourquoi précisément avec Maria ? Lors d'un voyage en Égypte, les Téa Sisters avaient fait une découverte archéologique extraordinaire. Et j'avais proposé de faire un reportage sur l'EXPOSITION consacrée à cette découverte ! La petite Maria avait été invitée. Mieux encore : elle était l'invitée d'honneur ! Vous comprendrez bientôt pourquoi. Et puis j'avais hâte d'entendre Colette, Paméla, Paulina, Violet et Nicky me raconter de vive voix leur nouvelle AVENTURE dans tous ses détails. Pensez qu'elles avaient réussi à sauver un très ancien trésor des griffes d'une bande de PILLARDS !

* Nous avions rencontré Maria dans *La Cité secrète*, l'aventure des Téa Sisters au Pérou.

LE MONDE FASCINANT

ÉGYPTOLOGIE

À partir de 3000 av. J.-C. s'épanouit le long des rives du Nil une des cultures les plus riches et les plus fascinantes que l'histoire de l'homme ait connu.
L'égyptologie étudie les importantes découvertes archéologiques de cette grande civilisation.

DES MONUMENTS EXTRAORDINAIRES

Les anciens Égyptiens nous ont laissé de splendides monuments comme les pyramides et le sphinx de Gizeh, les temples de Karnak, de Louxor, d'Abou Simbel, les tombeaux des souverains dans la Vallée des rois, la Vallée des reines et beaucoup d'autres !
Ce sont des monuments si imposants que l'on ne sait pas encore très bien comment les anciens Égyptiens sont parvenus à les édifier, avec les outils dont ils disposaient alors.

LES PYRAMIDES DE CHÉOPS, KHÉPHREN ET MYKÉRINOS À GIZEH

LE TEMPLE D'ABOU SIMBEL

DE L'ANCIENNE ÉGYPTE

DES MERVEILLES ENSEVELIES

Combien de trésors restent encore à découvrir ! Sous le sable, des œuvres d'art et des témoignages de l'ancienne Égypte d'une valeur immense demeurent ensevelis. Mais les extraire du sous-sol est une tâche complexe et très délicate. Seuls les archéologues expérimentés peuvent accomplir ce travail sans risquer de les détruire pour toujours !

LES INVENTEURS DE L'ANTIVOL

À toutes les époques, les vestiges de l'histoire ont attiré les voleurs de trésors. Au temps des pharaons, déjà, les voleurs s'introduisaient dans les nécropoles pour voler les trésors qui y étaient enfermés. C'est pourquoi l'entrée des monuments les plus importants était protégée par d'ingénieux systèmes d'obstacles… les ancêtres des antivols modernes !

VALLÉE DES ROIS, TEMPLE DE HATCHEPSOUT

LE SPHINX DE GIZEH

Une histoire aussi palpitante me semblait faite pour devenir la trame d'un nouveau livre. Un livre que j'avais déjà décidé d'intituler… *La Piste du scarabée bleu* !

LE PLUS GRAND TRÉSOR D'ÉGYPTE !

Tout avait commencé bien des mois auparavant, au **COLLÈGE DE RAXFORD**.

Par une glaciale journée d'hiver, le professeur d'histoire Bartholomé Delétincelle s'apprêtait à

faire un cours spécial, avant de partir pour une EXPÉDITION en Égypte.

– J'ai été invité par un grand égyptologue, le professeur Peter Ratterson, à rejoindre son groupe d'archéologues ! annonça Delétincelle d'un ton SOLENNEL.

– Vous serez longtemps absent, professeur ? demanda Paulina, INTÉRESSÉE.

– J'ai demandé une année de disponibilité, répondit le professeur, tout fier. C'est une immense opportunité ! Je prendrai part à des fouilles archéologiques près de l'ancienne ville de Thèbes. Là-bas, un groupe de chercheurs dirigé par Ratterson tente de mettre à JOUR rien moins que… le « Trésor du Soleil » !

Le professeur alluma le projecteur de diapositives et expliqua :

– Voyez-vous, jeunes gens, depuis la PRÉHISTOIRE les hommes observent la succession du jour et de la nuit, marquée par le lever du soleil et son coucher. Les anciens n'étaient pas capables d'expliquer scientifiquement ce phénomène, aussi recouraient-ils à des interprétations plus ou moins fantaisistes.

Au dernier rang s'éleva la voix de Markos Ratatopos, un élève grec arrivé depuis peu au collège :

– Les anciens Grecs croyaient que le soleil était un dieu, Hélios, qui COURAIT à travers le ciel sur un char de FEU tiré par des chevaux !

– Exact ! confirma le professeur, ravi. Les anciens Égyptiens, eux, croyaient que le soleil sillonnait le ciel à bord d'un NAVIRE.

Paméla l'interrompit :

– Est-ce que le soleil était aussi une divinité pour les Égyptiens ?

– Bien sûr, Pam ! acquiesça Delétincelle. C'était même le dieu le plus important. Si important

LA VALLÉE DU NIL

Au temps des pharaons, l'Égypte s'étendait dans une verte vallée, rendue fertile par le Nil mais entourée de chaque côté par le désert.

Le Nil traverse tout le royaume d'Égypte. Le fleuve était la seule voie de communication jusqu'à la mer et avait un rôle essentiel dans la vie du pays.

ABYDOS
GIZEH
SAQQARA
MEMPHIS
HÉLIOPOLIS
TANIS

qu'il méritait un nom différent pour chaque phase de la journée. Le dieu scarabée Khépri, par exemple, représentait le soleil qui se **LÈVE**.

– Un scarabée ? Brrrr ! **frissonna** Paméla en faisant une grimace. Je déteste les insectes !

– **Chut !** la coupa Violet en lui faisant les gros yeux.

Le professeur reprit :

– Le dieu Râ était le **soleil** durant la journée, quand il est chaud et brille plus fort, tandis que le dieu Atoum-Râ était le soleil qui se couche. La légende raconte qu'un pharaon fit construire un temple *magnifique*. On n'a jamais retrouvé les restes de ce temple, mais Ratterson est convaincu qu'ils existent et il veut les mettre au jour !

– C'est bien ce temple où, d'après la légende, se trouvait le Trésor du Soleil dont vous nous avez parlé ?

Delétincelle acquiesça :

– C'est lui. Certains papyrus racontent que le Trésor du Soleil, offert au dieu Râ, était caché dans un lieu secret à l'intérieur. Mais nul ne sait où se trouvait ce temple. Un vaisseau d'or, chargé des objets les plus précieux… Le plus grand trésor de toute l'Égypte !

– OOOOOOOOOOOOOOOOH !

Delétincelle avait capté l'attention de tous ses élèves !

PHARAON

Le mot « pharaon » vient de l'égyptien *Per-âa*, qui signifiait « grande maison », autrement dit « demeure » ou « palais royal ».
Par la suite, il devint le titre désignant le souverain lui-même.
Le pharaon avait un pouvoir absolu sur ses sujets et était adoré comme un dieu. Un des pharaons les plus importants et les plus célèbres est Ramsès II.

RAMSÈS II

– Et vous partez chercher le trésor, professeur ? WOUAOUH ! commenta Nicky, tout excitée.

Il eut un SOURIRE amusé mais ses yeux brillaient d'émotion.

– Exactement ! Un trésor d'une valeur inestimable, qui nous révélera de nouveaux secrets sur la grande civilisation égyptienne !

LE SCARABÉE BLEU

Tant d'archéologues avaient cherché le Trésor du Soleil sans succès que plus personne ne croyait à son existence. Mais les choses avaient CHANGÉ deux ans plus tôt, après une importante découverte faite par le professeur Ratterson.

Delétincelle fit DÉFILER les diapositives jusqu'à celle qui montrait un *magnifique* scarabée bleu.

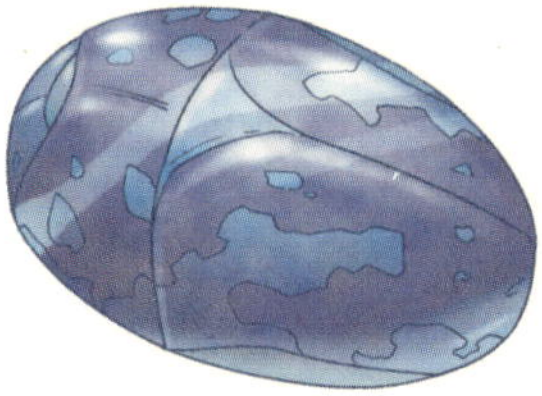

– En fouillant l'intérieur du célèbre TEMPLE de Karnak, Ratterson a mis au jour un papyrus et un scarabée précieux en lapis-lazuli. Ils étaient à l'intérieur d'un récipient en terre cuite, encore fermé.

Sur l'écran apparut une autre diapositive, qui montrait le scarabée RETOURNÉ sur le dos : des signes étranges étaient gravés sur son ventre. Delétincelle les indiqua à l'aide d'une baguette.

– Ratterson a traduit les hiéroglyphes* gravés sous le scarabée et ceux qui étaient inscrits sur le PAPYRUS. Leur sens exact n'est pas très clair. Cependant, ce sont des indications sur le lieu où se dressait le temple construit par le pharaon et sur le moyen d'atteindre la chambre secrète contenant le Trésor du Soleil. Bref, nous sommes très près de la DÉCOUVERTE du siècle !

Le professeur conclut :

– Pour une telle entreprise, nous aurons besoin de toute l'aide possible. C'est pourquoi je vous offre l'occasion, pendant vos vacances de printemps, de participer aux FOUILLES !

Un léger frisson d'appréhension parcourut la classe : partir carrément en Égypte ?!

– Le site archéologique est très isolé, précisa Delétincelle. Vous devrez dormir sous une tente et vous adapter au climat et à l'ENVIRONNEMENT ! Mais cela ne devrait pas être un

* Les symboles graphiques utilisés par les anciens Égyptiens pour écrire. Si tu veux en savoir plus, va à la page 184 !

travail trop fatigant : vous aiderez à répertorier les objets que nous aurons trouvés !

Cinq mains se **LEVÈRENT** alors, comme actionnées par un même ressort : celles des Téa Sisters !

À dire vrai, la main de Colette ne se serait pas levée (qui sait combien ses cheveux souffriraient, sous le soleil du désert ?), mais Pam lui avait instantanément pris le poignet et **LEVÉ** le bras en l'air.

L'ANCIENNE ÉGYPTE

La grande civilisation égyptienne s'est développée grâce au **Nil**, qui débordait chaque année de son lit et, en se retirant, déposait du limon, une boue qui rendait ses rives très fertiles. Les anciens Égyptiens appelaient leur pays *kemet*, qui signifie « terre noire », la couleur du limon, tandis qu'ils appelaient *deshret*, « terre rouge », le désert qui entoure l'Égypte.

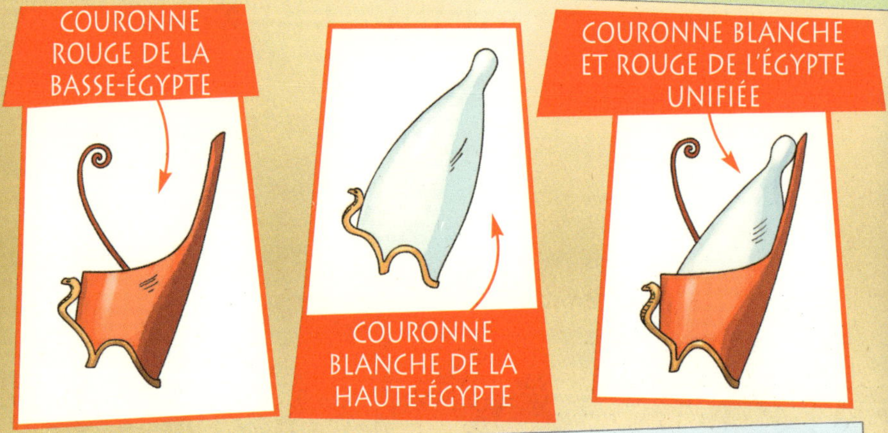

À l'origine, l'Égypte était formée de deux États : la **Haute-Égypte** et la **Basse-Égypte**. La Basse-Égypte était située au nord, dans la région du delta du Nil. Son symbole était l'abeille et sa couronne était rouge. La Haute-Égypte correspondait à la vallée du Nil entre Assouan et Héliopolis. Son symbole était un roseau et sa couronne était blanche.
En 3000 av. J.-C., la Haute-Égypte et la Basse-Égypte furent unifiées sous l'autorité d'un unique pharaon, appelé « celui qui règne sur le roseau et l'abeille ». Les deux couronnes n'en firent plus qu'une, blanche et rouge.

La **société égyptienne** avait une organisation très rigide…

LE PHARAON ET SA FAMILLE RÉGNAIENT SUR TOUT LE PEUPLE ÉGYPTIEN.

PUIS VENAIENT LES VIZIRS (HAUTS FONCTIONNAIRES), LES GRANDS-PRÊTRES ET LES GÉNÉRAUX DE L'ARMÉE.

EN DESSOUS, LES SCRIBES, LES PRÊTRES, LES MILITAIRES ET LES ARTISANS.

ENFIN, AU DERNIER RANG DE LA SOCIÉTÉ, LES PAYSANS ET LES SIMPLES OUVRIERS.

Le **scribe** avait un rôle très important dans l'ancienne Égypte : étant celui qui savait écrire, il était chargé de l'administration du pays.

Dans les temps les plus anciens, les scribes étaient choisis uniquement parmi les membres de la famille royale puis, peu à peu, l'enseignement de l'écriture s'étendit à d'autres membres de la société.

Le professeur Delétincelle eut un **SOURIRE** réjoui. Les Téa Sisters ne le savaient pas encore, mais ce n'était là que le premier pas vers une nouvelle, une extraordinaire **AVENTURE** !

UN PLONGEON DANS LE PASSÉ

Trois mois plus tard, l'avion qui transportait les Téa Sisters atterrissait à l'aéroport international de Louxor. Le vol avait été très très long, avec deux escales et un changement au Caire.
Comme pour les consoler de leur fatigue, Louxor accueillit les filles par une soirée chaude sous un magnifique ciel bleu nuit.
Le professeur Deléfincelle les attendait… tout bronzé, déjà !

LE CAIRE

Le Caire est l'actuelle capitale de l'Égypte. C'est une métropole de près de 17 millions d'habitants !
Elle est bâtie au bord du Nil, près du delta, mais ses banlieues s'étendent jusqu'au désert et au site de Gizeh, où l'on peut admirer les pyramides les plus célèbres d'Égypte.

– Vous êtes dans une forme splendide, professeur ! le félicita Colette, admirative.

– Quelques jours dans le désert et vous serez bronzées vous aussi ! répondit en souriant, EMBARRASSÉ, le professeur.

En sortant de l'aéroport, les filles s'attendaient à partir aussitôt pour le site des **FOUILLES**, mais Delétincelle fit signe à deux calèches de s'approcher.

– J'ai une surprise pour vous, dit-il. C'est la plus belle heure pour admirer les merveilles de Louxor : ces calèches, d'habitude, accompagnent les touristes jusqu'à l'entrée du temple. Mais par une autorisation spéciale, elles nous feront faire le tour complet de la ville !

Les Téa Sisters exultèrent : quelle idée *fantastique* ! Elles grimpèrent aussitôt et s'installèrent sur les coussins.

Après de larges **AVENUES** flanquées d'immeubles modernes, les calèches prirent de petites rues étroites bordées de maisons basses, toutes blanches.

Et tout à coup apparut devant leurs yeux le temple **ILLUMINÉ** de Louxor ! De la grande porte obscure émergeaient deux statues gigantesques de pharaons sur leur trône, puissants et **MYSTÉRIEUX**.

Les calèches firent le tour de l'obélisque* sur l'esplanade et une **LARGE** avenue toute droite s'ouvrit devant elles : de chaque côté la bordait une rangée interminable de sphinx ! Leur visage humain était éclairé, tandis que leur corps de lion se fondait parmi les **OMBRES** du soir.

Les Téa Sisters en restèrent bouche bée, intimidées par cette vision.

* Monument semblable à une colonne mais dont la base est carrée et la pointe pyramidale.

– WOUAOUH !
Le professeur Delétincelle jubilait :
– Nul ne peut résister au charme de l'Égypte ancienne ! Vous êtes ici dans l'allée des Sphinx, qui relie le TEMPLE de Louxor et le temple de Karnak. Imaginez quelle merveille ce devait être les jours de grande procession !
Puis il ajouta, d'un ton EXPÉDITIF :
– À présent, tout le monde à l'hôtel pour dormir ! Demain matin nous visiterons Karnak avant de partir sur le site de **FOUILLES ARCHÉOLOGIQUES** !
Violet n'en croyait pas ses oreilles :
– Visiter Karnak ? **FANTASTIQUE !** Mais je croyais que nous devions rejoindre au plus tôt le lieu des fouilles ?
Le professeur, étrangement, semblait embarrassé :
– Hum, oui, c'était le programme, mais… c'est-à-dire… il faut absolument voir les temples de Karnak : c'est absolument magnifique ! C'est pourquoi j'ai demandé la permission au professeur Ratterson de rester un jour de plus…

LE SPHINX

Le sphinx était une divinité qui avait le corps d'un lion et la tête d'un autre animal, ou une tête humaine. Le sphinx le plus célèbre se trouve à Gizeh, près des pyramides. Sa statue, une tête d'homme sur un corps de lion accroupi, est haute de 20 mètres !

INDICE !

Colette remarqua que le professeur Delétincelle avait pris une expression très sérieuse en citant le nom du célèbre égyptologue.

– Le professeur Ratterson est-il très sévère ? demanda Colette, un peu **INTIMIDÉE**.

– Un BOURREAU ! laissa échapper Delétincelle, qui se corrigea aussitôt : Euh, c'est-à-dire… qu'il est très exigeant ! Sur le chantier des fouilles pas une mouche ne **vole** sans sa permission !

Le professeur Delétincelle semble inquiet et nerveux quand on parle du professeur Ratterson : quelle peut bien en être la raison ?

KHÉPRI, LE DIEU SCARABÉE

Le lendemain matin, un soleil lumineux accueillit les Téa Sisters à leur réveil.

– Habillez-vous légèrement, les filles ! conseilla Nicky. C'est l'été ici, oubliez le PRINTEMPS !

Colette se mit au balcon, inquiète.

– Il va me falloir une double couche de crème pour me protéger de ce soleil brûlant !

Ses amies se moquèrent un peu d'elle mais suivirent toutes son exemple.

Le visage enduit de CRÈME solaire haute protection, elles prirent leurs lunettes de soleil et de grands chapeaux aux couleurs vives.

Le professeur Delétincelle les attendait dans le hall de l'hôtel. Il semblait plutôt ANXIEUX, comme s'il était très pressé d'aller à Karnak !

– Je dois d'abord faire un relevé des mesures de la statue du dieu Khépri, expliqua-t-il à ses *élèves*. Ensuite nous visiterons le reste du site.

– Le dieu Khépri, c'est le dieu scarabée, n'est-ce pas ? demanda Pam.

Delétincelle eut un petit RIRE.

– Je vois que tu n'as rien oublié ! HÉ HÉ HÉ !

Puis il ajouta :

– Il y a une grande statue de GRANIT rose qui le représente, à Karnak. Et le professeur Ratterson a trouvé un scarabée qui ressemble à cette statue…
– C'est un indice, n'est-ce pas, professeur ? Cela veut dire que le trésor est là, tout près. C'est pour cette raison que le professeur Ratterson a commencé à FOUILLER cette zone ? hasarda Paulina.
À ces mots, le professeur Delétincelle s'ASSOMBRIT.
– Peut-être…
Mais il n'en dit pas plus car ils étaient arrivés à destination. Il marchait très VITE, comme s'il savait parfaitement où aller. Pendant ce temps, Violet se tourna vers ses amies pour leur lire le guide qu'elle avait emporté :
– L'ancien nom de Karnak était *Ipet-Isut*, qui veut dire « le lieu le plus vénéré de tous ». Le lac sacré qui se trouve à Karnak servait aux purifications. Lors des cérémonies plus solennelles, les anciens Égyptiens y faisaient VOGUER de petites barques

KARNAK

Karnak n'est qu'un bourg à deux kilomètres de Louxor, mais son ensemble de temples est le plus vaste d'Égypte.
La cité était reliée au fleuve par une large allée bordée de sphinx à tête de bélier, et une seconde allée de sphinx à tête humaine conduisait au temple de Louxor.
La partie la plus ancienne du site remonte à 2000 av. J.-C.
Au cours des siècles, de nouveaux édifices ont été ajoutés aux monuments d'origine.

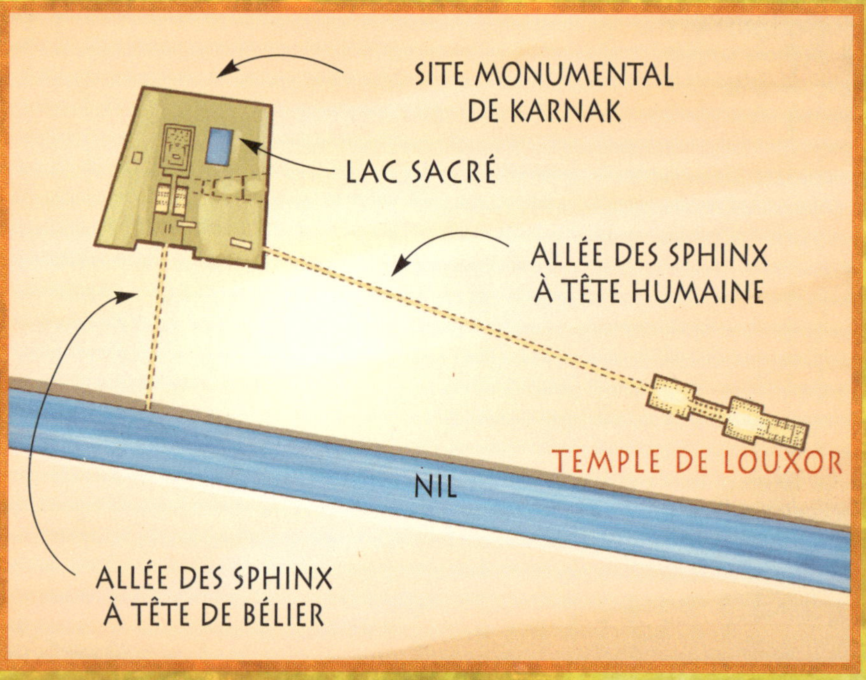

sur lesquelles étaient placées des statues représentant des dieux.

Paméla l'interrompit :

– Regardez ! Le scarabée !

Puis, hochant la tête, perplexe :

– Bof ! Je me demande vraiment ce qu'ils pouvaient lui trouver...

Paulina prit son appareil photo dans son petit sac à dos.

– Mets-toi devant, Pam ! Je veux te photographier avec ton dieu égyptien préféré ! HÉ HÉ HÉ !

Pendant ce temps, Delétincelle BATAILLAIT avec le pied de son propre appareil photographique.

– Pourriez-vous me donner un coup de main, jeunes filles ?

Grâce à l'aide de Nicky et Violet, le professeur put mesurer avec une précision extrême les dimensions du scarabée de granit rose et celles de sa base.

Il consulta également sa boussole et reporta toutes ces données dans un carnet.

– C’est bien ce que je pensais, marmonna-t-il comme pour lui-même.

Du carnet, une photographie avait GLISSÉ. Pam la ramassa et leva les yeux au ciel.

– Un autre scarabée, professeur ? C’est une vraie fixation…

Colette s’approcha alors pour regarder l’image, INTRIGUÉE.

En réalité, c’était une PHOTO de groupe. Au premier plan se trouvait un rongeur plutôt âgé, à l’air autoritaire et aux yeux SAILLANTS

qui faisaient penser à ceux d'un gros crapaud. Mais un autre détail retint l'attention de Colette : une charmante jeune chercheuse, qui posait juste à côté de Delétincelle.

– Professeur, hasarda timidement Colette, qui est cette jolie fille ?

Le professeur rougit jusqu'à la racine des cheveux.

– Jolie fille ? Ah, euh… c'est Dunya, une collègue… balbutia-il, gêné.

Ajoutant aussitôt, pour détourner la conversation :

– Et comme vous le voyez, derrière se trouve la statue du dieu Khépri, ici, à Karnak !

– Hé hé ! fit Colette, riant sous cape. Charmante, n'est-ce pas, professeur, votre collègue ?

Delétincelle était encore tout rouge. Les filles échangèrent un coup d'œil entendu : elles ne l'avaient jamais vu aussi embarrassé !

Il était clair que sa collègue lui plaisait…

INDICE !

Paulina montra le scarabée sur la photo, intriguée :

– C'est pour cette raison, professeur, que vous avez pris toutes ces mesures ? Pour VÉRIFIER si le scarabée découvert par Ratterson est identique ?

Delétincelle ne répondit pas : il était plongé dans ses notes et marmonna pour lui-même de nouveau :

– Je le savais… Ratterson fouille au MAUVAIS endroit !

Les Téa Sisters se regardèrent, *perplexes*.

Le professeur Delétincelle a découvert que Ratterson ne fouillait pas au bon endroit ! Mais pourquoi fait-il ses propres recherches en cachette ?

DANS LE LABYRINTHE DE KARNAK

Les Téa Sisters auraient eu mille questions à poser au professeur, mais à cet instant-là, une foule **bariolée** de touristes pénétra dans l'enceinte du lac sacré.

Deléfincelle s'empressa de ranger ses instruments de **MESURE**, particulièrement fragiles.

– Aidez-moi à ranger le matériel, jeunes filles, dit-il. Nous devons sortir d'ici avant d'être SUBMERGÉS par les visiteurs !
Puis, tendant son sac à Colette, il ajouta :
– Pourrais-tu me porter ça ? Pour l'instant, il faut que je vous GUIDE jusqu'à la sortie…
Les filles suivirent le professeur en faisant attention de ne pas s'égarer dans ce labyrinthe de colonnes, de piliers, de statues gigantesques et de murs écroulés.
Débouchant dans un long couloir, le professeur s'écria :
– Plus vite ! Nous allons arriver dans la salle hypostyle !
Il avait accéléré le pas, et les Téa Sisters avaient du mal à rester à sa hauteur. Elles auraient bien voulu s'arrêter pour regarder certains détails, mais y renoncèrent pour pouvoir le SUIVRE.
– Eh, mais pourquoi va-t-il aussi vite ?! chuchota Colette à Nicky.
Son amie haussa les épaules.
– Qui sait ? On dirait qu'il est PRESSÉ de rejoindre le site archéologique…

Violet, la dernière du groupe, s'efforçait de garder le rythme tout en lisant le guide :
– Alors, salle hypostyle… j'y suis ! Ça veut dire « salle supportée par des colonnes »… Plus de 134 colonnes de taille gig…

Violet avait buté sur une PIERRE mais heureusement Nicky, à quelques pas d'elle, l'avait rattrapée avant qu'elle finisse les quatre pattes en l'air !

– Tout va bien, Vivi ?

– Oui, merci. Oh… regarde !

Une petite salle latérale s'ouvrait tout près, où l'on entrevoyait des murs couverts de dessins vivement COLORÉS.

– C'est le Trésor du Soleil ! s'exclama Violet en désignant un détail de la FRESQUE.

En effet, sur le mur était représentée une procession de personnages qui portaient une barque dorée.

Mais quand Nicky et Violet ressortirent de la petite salle, les autres avaient DISPARU !

– Quelques minutes de distraction et nous les avons déjà tous perdus ! se lamenta Violet. Comment faire maintenant pour ATTEINDRE la sortie ?

Nicky garda son calme.

– Ne t'en fais pas, repérons-nous grâce au soleil !

Son excellent sens de l'orientation lui permit de prendre la bonne direction : elles parcoururent différents couloirs et retrouvèrent enfin la lumière du soleil, entre deux colonnes gigantesques.

– Ce doit être la fameuse salle hypostyle, dit Violet après avoir vérifié sur la PHOTOGRAPHIE dans le guide. Que de monde ! Où sont donc passés les autres ?!

... DANS CE LABYRINTHE, IL ÉTAIT FACILE DE SE PERDRE !

LAISSÉES EN PLAN !

Les RUINES de Karnak, un des endroits les plus beaux et les plus impressionnants de l'ancienne Égypte, sont également un véritable labyrinthe !

Il fallut un certain temps aux Téa Sisters pour se retrouver, au milieu de tous les groupes de touristes qui circulaient en tous sens. Mais les cinq amies purent enfin se regrouper devant le temple d'Amon, dans une allée flanquée de sphinx à tête de bélier.

Le soleil était haut dans le ciel maintenant, et la CHALEUR devenait étouffante. Colette agitait frénétiquement un éventail pour faire un peu d'air, mais ce n'était guère efficace.

– Pff ! Mais-qu'est-ce-qu'il-fait-chaud-les-filles !! On est toutes là, maintenant ? Et Delétincelle, où

est-il passé ?! Dès qu'on est entrés dans cette salle avec les colonnes, je l'ai perdu de VUE !
Paulina prit son PORTABLE.
– Moi non plus, je ne l'ai plus vu… Attendez, j'essaie de l'appeler. Il ne doit pas être bien loin !
Mais elle n'avait pas terminé sa phrase que son portable sonna, annonçant l'arrivée d'un message.

BIP-BIIIP BIP-BIIIP !

Nicky s'approcha de Paulina et lut par-dessus son épaule : « Une urgence ! Restez tranquilles, rentrez à l'hôtel. C'est moi qui vous contacterai ! Bart. »

Les Téa Sisters se regardèrent, ÉBAHIES.

– Il a vraiment signé « Bart » ? demanda Colette, déconcertée.

Le professeur Delétincelle n'avait jamais utilisé ce diminutif !

Paulina relut le message :

– « Une urgence » ?! Juste au moment où il venait de nous confier ses DOUTES sur les fouilles de Ratterson… Qu'est-ce que ça veut dire ?

– Je n'aime pas trop quand on me dit de rester tranquille ! dit Pam, l'air sombre. Ça me rend nerveuse.

Violet, pour calmer ses amies, leur cita un des proverbes de grand-père Tchen :

– Les filles… « Rien de bizarre quand un rat bizarre fait des choses bizarres ! »
Elles éclatèrent de rire, ce qui relâcha un peu la tension.
Paulina acquiesça :
– Tu as raison, Violet ! Il faut admettre que depuis notre arrivée le professeur est un peu BIZARRE… Rentrons à l'hôtel : il y est peut-être déjà !
Mais Paulina se trompait : elles attendirent toute la journée à l'hôtel le retour du professeur. À plusieurs reprises elles tentèrent de le contacter sur son portable… en vain !

Le lendemain matin, au PETIT DÉJEUNER, les Téa Sisters firent le point.
Paméla dit tout de suite :
– Les filles, il faut absolument passer à l'ACTION,

Delétincelle peut-il vraiment avoir laissé les Téa Sisters toutes seules, après avoir découvert que Ratterson cherchait au mauvais endroit ? Pourquoi ne répond-il pas au téléphone ?

mes sœurs ! Cette histoire des fouilles au mauvais endroit me paraît étrange. Nous devons parler à Ratterson !

Toutes furent AUSSITÔT d'accord.

– Mais comment y arriver ? demanda Colette.

Nicky fit un CLIN D'ŒIL à ses amies et, avec un petit air MALIN :

– Oublions les taxis ! Nous sommes en Égypte, et donc… nous naviguerons sur le Nil !

ALLONS TROUVER RATTERSON !

L'EAU du Nil était d'un bleu intense, sillonnée de petites VAGUES argentées. Le vent gonflait les voiles de la felouque* et rafraîchissait les Téa Sisters sous le soleil BRÛLANT.

Pam donna une petite tape sur l'épaule de Nicky :

– Excellente idée, ma sœur ! Cette barque file que c'en est une merveille !

À mesure qu'elles voguaient vers le sud, le vert des CANNES à sucre et des palmiers, le jaune et le rose des fleurs d'acacia laissaient de plus en plus place à l'or intense des sables du désert.

Paulina essaya une fois de plus de joindre le professeur, sans résultat :

– Rien à faire. Son portable est éteint !

* Petite embarcation à voile, à coque fine et allongée.

Violet la rassura :

– Sur le site archéologique, ils auront sûrement eu de ses nouvelles.

– Et là-bas, au moins, il y a Ratterson ! ajouta Nicky. S'il ne sait pas où est Delétincelle, il pourra nous dire à qui nous adresser pour partir à sa RECHERCHE !

Pendant que la felouque accostait le rivage, le pilote, vêtu d'une longue tunique, les interrompit en leur INDIQUANT une colline :

– Voilà les tentes du campement !

– Nous sommes arrivés ? demanda Paulina, pleine d'espoir.

Le pilote SOURIT, montrant des dents très blanches. Et il désigna un homme assis au bord du fleuve :

– Non ! Lui, il vous conduira de l'autre côté de la colline !

Violet fronça les sourcils, perplexe.

– Vous voulez dire qu'il fait le taxi ?

Nicky éclata de rire.

– Ha ha ha ! Oui, le taxi à la manière locale !

Et elle leur montra des dromadaires regroupés non loin :

– Les voilà, nos **TAXIS** !

Ce n'était pas la première fois que les Téa Sisters **VOYAGEAIENT** à dos de dromadaire : elles en avaient déjà fait l'expérience en Australie*.

– Ah, je ne risque pas d'oublier ! **MARMONNA** Colette. Rien que d'y penser, j'ai le mal de mer !

* C'était dans *Le Mystère de la montagne rouge*.

C'était pire qu'être sur un bateau en pleine **tempête** !

– Si nous devons aller là-haut par cette **CHALEUR**, mieux vaut y aller sur la croupe d'un dromadaire qu'à pied ! la coupa Paulina.

Lorsqu'elles arrivèrent enfin sur le chantier des fouilles, le soleil était presque au **CRÉPUSCULE**. Du haut de la colline, les Téa Sisters virent derrière elles le Nil qui coulait tranquillement, rouge et or dans le **REFLET** du soleil. Et d'or aussi semblaient les **RUINES** qui émergeaient çà et là des fosses creusées par les archéologues.

Les chercheurs et les ouvriers devaient avoir cessé depuis peu le travail : les premiers se retiraient dans leurs **TENTES**, tandis que les autres rentraient dans leur village.

Apercevant la petite caravane de dromadaires qui arrivait, quelqu'un se précipita à leur rencontre : Dunya, la séduisante collègue de Delétincelle

qu'elles avaient vue sur la **PHOTOGRAPHIE** !

Dunya s'approcha en souriant et aida Violet à descendre de dromadaire.

– Vous voilà enfin ! Nous vous attendions !

Puis elle jeta un **REGARD** circulaire et ajouta, d'un ton interrogateur :

– Mais où est *Bart* ?

DISPARU !

Il fut tout de suite évident que personne sur le site ne savait où était Bartholomé Delétincelle.

Ratterson eut une réaction irritée à l'annonce de sa disparition, mais ne sembla pas très *inquiet* :

– Ce garçon est un présomptueux ! Je ne serais pas surpris s'il lui était venu la soudaine lubie d'aller **FOUILLER** ailleurs !

Prof. Peter Ratterson

Ses collaborateurs semblaient du même avis. Ou peut-être n'osaient-ils pas le contredire… Il avait l'air si sévère et si AUTORITAIRE !

Ratterson conclut, d'un ton décidé :

– Inutile de s'inquiéter ! Vous verrez que dans quelques jours votre *professeur* reviendra la queue entre les jambes, après avoir inutilement creusé ses petits trous dans le sable !

Les Téa Sisters étaient indignées : quelle indifférence envers un collègue !

Mais par CHANCE, Dunya intervint : l'assistante de Ratterson était vraiment préoccupée.

– Vous êtes sûres que Bart ne vous a rien laissé ? demanda-t-elle aux filles avec appréhension. Même pas un petit mot ?

Colette ne put s'empêcher d'admirer le BRILLANT de ses cheveux, si noirs qu'ils en avaient des REFLETS bleus, et murmura à Paulina :

– Oh là là, quels beaux cheveux !

Dunya accompagna les Téa Sisters dans la TENTE qui leur avait été préparée.

– Ne faites pas attention à Ratterson, il est plutôt BOURRU, leur souffla-t-elle tout bas. Ces derniers mois, le professeur Delétincelle a élaboré une brillante théorie sur l'endroit où se trouverait le Trésor du Soleil, mais Ratterson le considère comme un fumiste !

Paulina commenta :

– En effet, nous avons bien vu qu'il y avait quelque chose qui n'allait pas COMME IL FAUT...

– Le professeur nous a dit que selon ses calculs le Trésor du Soleil est enterré dans un tout autre endroit, précisa Violet.

Dunya la regarda intensément, avec une certaine méfiance.

Elle observa alors :

– Votre professeur a une très grande confiance en vous...

Les Téa Sisters ROUGIRENT, toutes fières.

– Voyez-vous, Bart et Ratterson ont eu une vilaine dispute, poursuivit Dunya. J'ai même dû insister pour que Bart ne soit pas renvoyé du chantier de FOUILLES !

– Vraiment ?! laissa échapper Pam.

Les Téa Sisters se regardèrent : elles avaient du mal à en croire leurs oreilles !

Nicky prit la parole :

– Nous avons du mal à comprendre ! Le professeur DISPARAÎT et Ratterson ne s'en soucie même pas... Mais que se passe-t-il donc ici ?!

Dunya SOURIT.

– Vous avez raison, les filles. Je vous dois des explications. Mais vous devez me promettre de me raconter **TOUT** ce que Bart a fait et a dit avant sa disparition !

Ratterson et Delétincelle ont eu une discussion animée peu de temps avant l'arrivée des Téa Sisters. Cela a-t-il un rapport avec la disparition du professeur ? Dunya appelle « Bart » le professeur Delétincelle, comme dans le message envoyé à Paulina. Qu'est-ce que cela veut dire ?

La théorie du professeur Delétincelle !

Dunya et les Téa Sisters s'installèrent sous la **TENTE**.

La jeune archéologue expliqua :

– Comme vous le savez sans doute, Ratterson a trouvé un papyrus contenant des **INDICATIONS** pour retrouver le Trésor du Soleil et il est convaincu que le lieu indiqué est ici, où nous fouillons en ce moment.

– D'accord, dit Colette. Mais alors, pourquoi Delétincelle est-il persuadé que Ratterson ne fouille pas au bon endroit ?

– C'est vrai que le texte du papyrus n'est pas clair, concéda Dunya. Il est plein de phrases *poétiques* mais obscures. Par exemple : « Khépri ramènera à la lumière le Trésor de Râ caché par Atoum-Râ en parcourant la ceinture étroite qui conduit à Sopdet. »

– Hein ?! s'exclama Pam en FRONÇANT les sourcils.

Mais elle réfléchit aussitôt :

– Voyons. Khépri, c'est le scarabée ; Râ c'est le soleil ; et Atoum-Râ est toujours le soleil, mais au crépuscule… et ce Sopdet, c'est qui ?

– HÉ HÉ, Sopdet est le nom égyptien de l'étoile Sirius, répondit Dunya, amusée par les grimaces perplexes de Pam. Ratterson a trouvé le scarabée au début des fouilles, poursuivit-elle. Il ressemblait tellement à la statue de Karnak qu'il a été convaincu d'être au bon endroit !

L'ÉTOILE SIRIUS

Sirius, dont le nom dans l'Antiquité était *Sopdet* ou *Sôpdit,* (pour les Grecs, *Sothis),* était une étoile très importante pour les anciens Égyptiens. Chaque année, lors du solstice d'été, Sirius apparaissait quelques instants à l'aube, annonçant les inondations bénéfiques du Nil.

Violet répéta de mémoire :
– « Khépri ramènera à la lumière le Trésor de Râ », comme c'était écrit sur le PAPYRUS !
Dunya acquiesça vivement :
– Exactement ! Sauf que nous creusons depuis des mois et rien de concluant n'a ÉMERGÉ. Rien qui soit lié au Trésor du Soleil !
– Et c'est là que Delétincelle a formulé sa théorie… insista Nicky.
– Oui ! Bart a pensé que le scarabée découvert par Ratterson n'était peut-être qu'un indice de plus, qui CONDUISAIT à un autre endroit…
Mais Dunya s'interrompit en soupirant.
– C'est trop difficile à expliquer sans une carte !
– AUCUN PROBLÈME ! s'écria Paulina en tirant de son sac son inséparable smartphone. Sur internet, on trouve toutes les cartes qu'on veut !
En quelques minutes, sur l'ÉCRAN du minuscule ordinateur, apparut une carte détaillée des environs du site archéologique.
Dunya montra un POINT précis sur la carte :

– Toute cette zone-là est vaste et DANGEREUSE, c'est pourquoi elle a été très peu explorée. On y a cependant déterré d'autres statues de scarabées semblables à celle que nous avons trouvée ici. Selon Bart, en interprétant la position de ces MONUMENTS, il devrait être possible d'arriver à l'endroit exact où est enseveli le Trésor du Soleil.

Violet acquiesça, tout émue :

– Le professeur pourrait bien avoir raison !

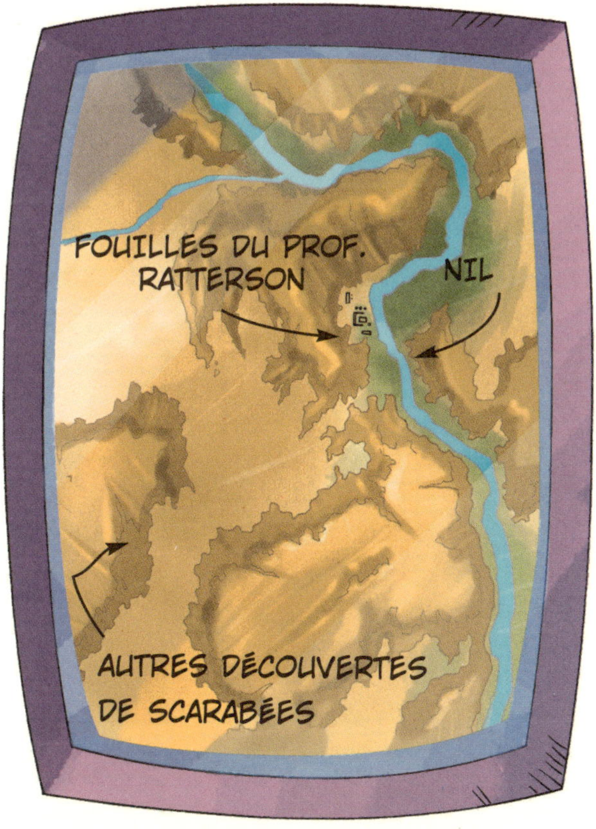

Beaucoup de monuments de la civilisation ÉGYPTIENNE cachent des secrets ! Mais pourquoi Ratterson ne veut-il pas entendre parler de cette hypothèse ?

Dunya soupira :

– Ratterson a travaillé pendant des années pour identifier cet endroit : il ne voudra jamais admettre qu'il s'est trompé !

Les filles hochèrent la tête : la situation commençait finalement à devenir plus claire.

LA CEINTURE D'ORION

Après cette longue CONVERSATION avec Dunya, les Téa Sisters, épuisées, s'installèrent pour dormir. La nuit était sereine et pleine d'étoiles, mais aucune d'elles ne parvenait à trouver le sommeil.

La disparition du professeur Delétincelle restait inexplicable. Colette quitta son lit de camp et se mit à marcher de long en large dans la tente.

– Les filles, je suis si nerveuse que j'aurais vraiment besoin d'un shampoing !

Elle fouilla dans son sac à la recherche du nécessaire.

– Zut alors, par toutes les mozzarellas AVARIÉES ! souffla-t-elle. Mais où est passé mon flacon ?! Oh, tiens ! Qu'est-ce que c'est ? Eh… le sac du professeur Delétincelle ! Que fait-il ici ?

Nicky avait déjà bondi sur ses pieds.

Colette brusquement se souvint :

– Mais oui ! Le professeur m'avait demandé de le lui tenir pendant qu'il rangeait son matériel, à Karnak ! Une fois rentrée à l'hôtel, je l'ai mis là et… j'ai complètement OUBLIÉ !

Elles étaient toutes debout, à présent.

– OUVRE-LE ! l'exhorta Pam. Il pourrait y avoir des indices !

Colette les regarda, l'air hésitant.

– Mais si le professeur l'apprenait ? Ça ne se fait pas de fouiller dans les affaires des autres…

Mais toutes étaient d'accord avec Pam : c'était un cas d'urgence ! Colette ouvrit la fermeture éclair et regarda à l'intérieur.

– Il y a… euh, des papiers, des stylos, des pièces de monnaie et… un carnet !

Paulina s'en empara.

– C'est le carnet sur lequel il a noté les mesures du scarabée !

Elle se mit alors à le FEUILLETER.

INDICE !

– Tout est marqué… Regardez ! Il y a même des dessins !
Violet en montra un en particulier :
– EH ! Celui-là, je le connais ! C'est la constellation d'Orion, j'en suis sûre !
Elle lut ensuite le commentaire de Delétincelle, relié au dessin par une FLÈCHE :
– « En joignant sur une carte les points où se trouvent les statues du dieu Khépri, on obtient une figure proche de celle de la constellation d'Orion ! »
– Par les mille BOULONS déboulonnés ! s'exclama Pam.
– Et l'étoile Sirius, ou Sopdet, elle ne fait pas partie d'Orion, par hasard ? s'informa Colette.
– Non, répondit Paulina, mais elle n'est pas très loin.
Puis elle montra aux autres le DESSIN sur le carnet :
– Vous VOYEZ ces trois étoiles ? On les appelle

Sur le carnet du professeur Delétincelle sont notées toutes ses découvertes ! Le professeur ne serait jamais parti à la recherche du Trésor du Soleil sans l'emporter avec lui…

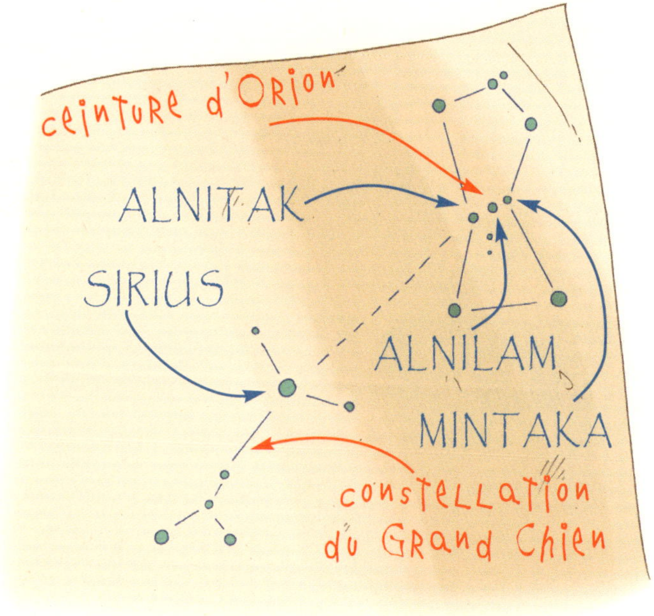

la « ceinture d'Orion ». Si vous prolongez cette « ceinture » vers le bas, vous trouvez l'étoile Sirius, qui fait partie de la constellation du Chien…

Ce fut alors que Violet cita de mémoire la phrase du PAPYRUS :

– « Khépri ramènera à la lumière le Trésor de Râ caché par Atoum-Râ en parcourant la ceinture étroite qui conduit à Sopdet. »

– Mince alors ! s'exclama Paulina, qui se préci-

CONSTELLATION D'ORION

Orion (dite aussi « le Chasseur ») est une des constellations les plus lumineuses et elle est connue depuis l'Antiquité.
Orion est proche de la constellation du Grand Chien, dont l'étoile la plus brillante est Sirius.

ARCHITECTURE ET CONSTELLATIONS

Les grands monuments édifiés par les anciens Égyptiens ont souvent des correspondances avec les étoiles. En effet les bâtisseurs tenaient compte de l'alignement des astres. Ainsi, selon certains égyptologues, l'alignement des trois pyramides les plus importantes, celles de Chéops, Khéphren et Mykérinos, correspondait parfaitement à celui des trois étoiles de la ceinture d'Orion.

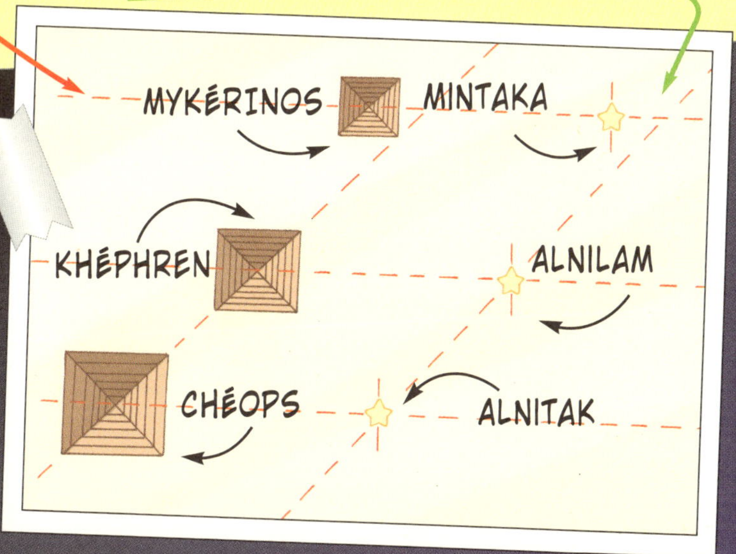

pita sur son *précieux* smartphone. Voilà pourquoi il prenait toutes ces mesures !
Ses amies se serrèrent autour d'elle.
– Que veux-tu faire ? demanda Paméla, INTRIGUÉE.

Paulina appuyait frénétiquement sur les touches.

TIC TIC TIC
TIC TIC TIC
TIC TIC TIC

– Je suis en train de vérifier la théorie du professeur ! Je prends la carte du ciel de la constellation d'Orion et je la superpose à la carte des points où on a retrouvé les scarabées… Voilà : *ça correspond !*
Elle traça sur l'écran une LIGNE joignant les emplacements des scarabées en correspondance avec les trois étoiles de la ceinture d'Orion, et la prolongea jusqu'à l'étoile Sirius. Elle regarda

alors le point correspondant sur la **carte** d'Égypte et…

– Mais c'est la zone où on a trouvé les autres ! s'exclamèrent toutes ensemble les Téa Sisters.

Voilà donc où était enseveli le Trésor du Soleil !

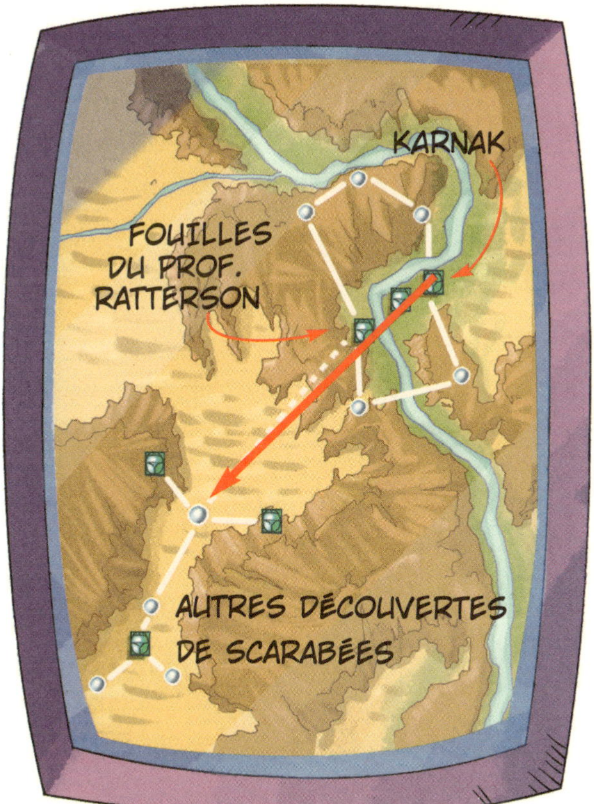

LA NUIT DE TOUS LES FRISSONS

Aucune des Téa Sisters ne pensait plus à dormir, maintenant. Elles n'avaient qu'une idée en tête : **ATTEINDRE** la zone indiquée sur la carte.

– Le seul qui puisse nous aider, les filles, c'est Ratterson, fit remarquer Violet d'un ton DÉSOLÉ. Dans le camp, c'est lui qui contrôle tout…

Paméla secoua la tête :

– Ratterson ne nous aidera jamais ! Il l'a dit noir sur blanc : pour lui, Delétincelle n'est qu'un amateur et un présomptueux !

– Oui, mais si le professeur était en DIFFICULTÉ ?! répliqua Nicky. Il peut très bien lui être arrivé quelque chose !

Paulina acquiesça avec gravité :

– Nicky a raison ! Nous devons convaincre Ratterson et nous procurer un 4X4 pour partir à la recherche du professeur…
– Et *tout de suite*, même ! renchérit Pam.
Colette TRESSAILLIT.
– Comment ça, tout de suite ?! Mais il fait nuit noire ! Et il fait même plutôt frisquet. BRRR…
– Tant pis ! rétorqua Nicky, expéditive. Il n'y a pas une minute à perdre !
Les filles s'habillèrent à toute VITESSE et se glissèrent hors de la tente, emmitouflées dans des couvertures pour s'abriter du froid : après le coucher du soleil, la température avait CHUTÉ, et il faisait décidément très frais !
Silencieusement, les Téa Sisters traversèrent tout le campement.
Paméla vit filtrer un peu de LUMIÈRE d'une des tentes.
– Ça doit être celle de Ratterson… Heureusement, il est encore réveillé !

Mais à cet instant précis, d'une autre TENTE sortit une ombre FURTIVE…
C'était Dunya !

Que faisait donc Dunya, en pleine nuit, dans une tente qui n'était pas la sienne ? Pourquoi se déplaçait-elle de manière si furtive ?

L'archéologue sursauta, en se retrouvant face à ces cinq SILHOUETTES à demi cachées sous des couvertures. Les Téa Sisters découvrirent que c'était la tente de Delétincelle.

– J'étais inquiète pour Bart ! expliqua Dunya, une fois loin des oreilles et des regards indiscrets. Je me suis dit que dans sa tente je trouverais peut-être un indice…

– Et tu as TROUVÉ quelque chose ? demanda Paulina.

Dunya secoua la tête :

– Rien, malheureusement.

Ce fut alors que Colette, dans un geste théâtral, sortit le carnet de Delétincelle.

– Nous, en revanche, nous avons trouvé ceci !

Une lueur s'alluma dans les YEUX de Dunya, qui tendit aussitôt la main vers le carnet.

– Ses notes !

Mais Colette le garda serré contre elle et se contenta de dire :

– C'est à moi que le professeur l'a confié !

– Oh, je comprends, bafouilla Dunya, déçue.

– Nous pensons que Delétincelle s'est rendu sur les hauts plateaux au sud-ouest du Nil… expliqua Paulina.

– Oui ! Et nous voulons aller à sa recherche, et pour ça il nous faut un 4 × 4 ! la ~~COUPA~~-Paméla.

Dunya sembla aussitôt enthousiasmée par cette idée :

– Vous pouvez compter sur moi, les filles ! Je viens avec vous !

Pourquoi Dunya a-t-elle autant hâte de lire le carnet de notes du professeur Delétincelle ?

LE DÉPART !

Le lendemain matin, le petit groupe commença les préparatifs pour atteindre au plus vite la zone repérée sur la carte. Quand le 4×4 quitta le campement archéologique, l'après-midi était déjà bien entamé. Dunya avait réussi à ARRACHER à Ratterson la permission de partir à la recherche de ce « jeune homme PRÉSOMPTUEUX » (comme il l'appelait). Les Téa Sisters et elle avaient donc pu prendre, outre un véhicule, des provisions de nourriture et d'EAU pour trois jours. Le voyage ne fut pas très long, mais le terrain, au milieu des dunes, était accidenté. Quand le 4 X 4 s'aventura dans les gorges de cette zone inaccessible, il fallut avancer à pas d'homme pour ne pas risquer que la voiture se retourne ! Par CHANCE, Dunya était une conductrice très sûre. Presque trop sûre, même…

– On dirait vraiment que Dunya connaît bien le chemin, murmura Paulina à Violet, assise près d'elle. Son amie acquiesça, PENSIVE :

– Oui… il n'y a ni pistes praticables ni indications, et pourtant elle ne s'arrête jamais pour consulter la carte…

Le soleil venait à peine de se COUCHER mais dès qu'elles eurent pénétré à l'intérieur des gorges étroites, on se serait cru en pleine NUIT.

Nicky protesta :

– Il vaut mieux s'arrêter, Dunya ! Il fait trop noir, c'est RISQUÉ de continuer !

Colette s'unit à ses protestations :

– On a le dos en MIETTES !

Mais Dunya ne voulait rien entendre :

– Courage, tenez BON ! Je cherche un meilleur endroit pour passer la nuit…

Il est étrange que Dunya connaisse aussi bien le chemin. On dirait presque qu'elle l'a déjà emprunté !

TUNK... TONK... TUUUUUNK...

– Si tu prends la mauvaise direction, on risque de se retrouver bloquées ! l'avertit Pam, qui n'arrivait pas à comprendre comment Dunya faisait pour conduire avec autant d'assurance dans une zone aussi DANGEREUSE et déserte.

Mais l'archéologue ne paraissait pas les entendre. Et après une autre demi-heure de cahots, de chocs et de contrecoups, les murailles du canyon s'ouvrirent enfin et le terrain devint plat.

– Un feu ! s'écria Paulina en tendant le bras vers l'horizon. Là, devant nous ! Vous le VOYEZ aussi ?

– Il y a même des LUMIÈRES… confirma Nicky. On dirait un campement !

Dunya ne fit aucun commentaire mais appuya plusieurs fois sur le klaxon.

POUET-POUET-POUET ! POUET-POUET-POUET !

LE DÉPART !

Quelques **OMBRES** s'avancèrent vers leur véhicule.

– **PROFESSEUR !!!** s'écria Colette à pleins poumons, dès qu'elle eut reconnu Delétincelle encadré de quatre individus **énormes**.

QUE DIRIEZ-VOUS DE FAIRE LE POINT SUR LA SITUATION ?

1) Le professeur Delétincelle a mystérieusement disparu à Karnak et n'a plus répondu sur son portable depuis.
2) Sa théorie sur le Trésor du Soleil a provoqué la jalousie et l'hostilité du célèbre professeur Ratterson.
3) Parmi ses collègues, la seule à s'inquiéter pour Delétincelle est Dunya, qui semble avoir une sympathie particulière pour lui. Pourtant, elle se comporte de manière bizarre.
4) Les Téa Sisters retrouvent le carnet du professeur, qui contient des indices importants sur la position du Trésor du Soleil. Dunya semble extrêmement intéressée par ce carnet.
5) Les Téa Sisters et Dunya partent ensemble en 4 × 4 à la recherche de Delétincelle, mais Dunya semble connaître parfaitement le chemin, comme si elle l'avait déjà parcouru.

PROFESSEUR DELÉTINCELLE !

DANS LE REPAIRE DES CHACALS…

Les Téa Sisters sortirent du 4×4 et COU-
RURENT à la rencontre de leur professeur, heureuses de le retrouver sain et sauf.

Aussitôt, elles le submergèrent de questions :

– Qu'est-ce que vous faites ici, professeur ?

– Pourquoi avoir DISPARU sans même nous avertir ?

– Vous avez mis la main sur le Trésor du Soleil ?

Après un premier moment de STUPEUR, le visage de Delétincelle exprima une intense contrariété. Il n'était pas du tout content de les voir ! Le professeur fixa Dunya dans les yeux et devint tout rouge… mais cette fois, ce n'était pas de timidité, c'était de colère !

– Tu n'aurais jamais dû les amener ici ! dit-il, furieux. Elles n'ont rien à voir dans cette his-

toire... Tu ne peux pas les garder prisonnières elles aussi !
Violet, Nicky, Paulina et Colette fixèrent le professeur, bouche bée. PRISONNIÈRES ?!?
Paméla, en revanche, éclata de rire :
– HA ! HA ! HA ! Vous êtes un plaisantin, vous, professeur ! Franchement, est-ce vraiment le moment ?!
Mais son rire s'éteignit, car les filles remarquèrent l'expression sur le visage de Dunya. L'archéologue avait une grimace MAUVAISE et un regard de glace. Même sa voix était plus dure :
– Tsss ! La Française ne m'aurait jamais donné ton précieux carnet, Bart ! Mais à

présent, plus d'excuse pour ne pas commencer les **FOUILLES**. Il faut chercher le trésor maintenant !

Les Téa Sisters tressaillirent : ce ton autoritaire n'augurait rien de bon !

Delétincelle s'**ASSOMBRIT** plus encore.

– Laisse-les partir tout de suite, ou je ne commence rien du tout !

À ce moment-là, un des quatre **MALABARS** qui l'entouraient l'attrapa par le devant de sa chemise et le souleva de terre, collant sa figure à la sienne.

– Faudrait pas qu'il oublie les bonnes manières, le petit *monsieur* !
– Lâche-le, Rataton ! ordonna Dunya.
Puis elle se tourna vers Delétincelle et, d'un ton *suave* maintenant :
– Ne sois pas injuste avec moi, Bart ! J'ai été la seule à croire à ta théorie. Sinon, nous ne serions pas ici, non ?
Elle eut un sourire, mais si **MORDANT** que les Téa Sisters sentirent un frisson leur parcourir l'échine. Incroyable : Dunya semblait devenue une autre personne !
– Il y a des années que je suis cette **BAUDRUCHE** de Ratterson ! continua-t-elle. Ça m'a rapporté quoi ? *Rien !* Il avait presque trouvé le Trésor du Soleil, mais voilà qu'il s'entête à fouiller sur ce site où il n'y a que des babioles !
Delétincelle explosa :
– Tu te trompes ! Ratterson est un **grand** égyptologue ! Et tes lascars et toi vous n'êtes que des *pillards* ! Des chacals ! C'est l'or que tu cherches, pas la connaissance. J'aurais dû le comprendre

tout de suite, au lieu de me laisser fasciner par ta beauté !

– HI ! HI ! HI ! se mit à rire Dunya, et ce rire strident retentit dans tout le camp. L'or, dis-tu ? *Pas seulement,* mon cher ! Des bijoux, aussi ! Et des pierres précieuses ! Un trésor *inimaginable* ! Le plus grand trésor de tous les temps !

Les Téa Sisters n'en croyaient pas leurs oreilles : elles aussi, elles lui avaient fait confiance, et Dunya les avait trompées ! Voilà pourquoi elle s'intéressait tant au carnet du professeur !

Dunya se dirigea vers le 4 X 4, fouilla fébrilement à l'arrière et posa trois objets sur le capot : le carnet du professeur, un rouleau de papyrus et un scarabée en lapis-lazuli gros comme la main.

– Tu as volé le papyrus et le scarabée de Ratterson ! s'exclama Delétincelle, HORRIFIÉ.

Elle eut un SOURIRE.

– Ce scarabée doit valoir une FORTUNE. Et puis… il pourrait nous être utile, tu ne crois pas ?

Delétincelle serra les poings mais ne put rien répondre : il était obligé de collaborer.

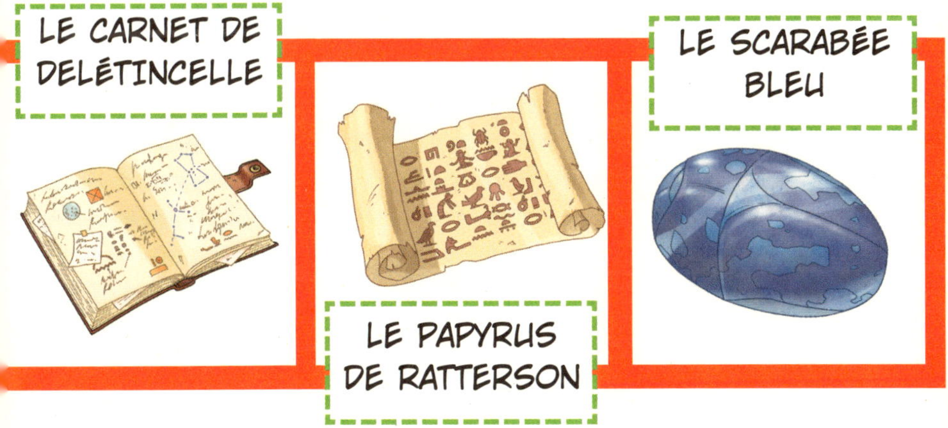

ON SE TAIT ET ON CREUSE !

Le jour suivant, les fouilles commencèrent. Les MESURES prises par Delétincelle et notées dans son carnet permirent de repérer avec précision le point où la légende situait le temple du pharaon. Les Téa Sisters décidèrent de tout faire pour aider leur professeur.
Le smartphone de Paulina avait joué un rôle important dans l'histoire, puisque les Téa Sisters avaient montré à Dunya les deux **CARTES** : la carte de cette zone et celle de la constellation d'Orion. Ah, si seulement elles avaient pu deviner quel usage elle en ferait !

Dunya superposa donc les deux cartes, et traça une LIGNE à partir de chacun des emplacements exacts des statues du dieu Khépri et…

– Là où les lignes se croisent, c'est une zone impraticable au sud-ouest du Nil, ne put s'empêcher de dire Violet.

Dunya eut un petit rire satisfait :

– Exactement, ma petite ! Et c'est là que nous allons CREUSER !

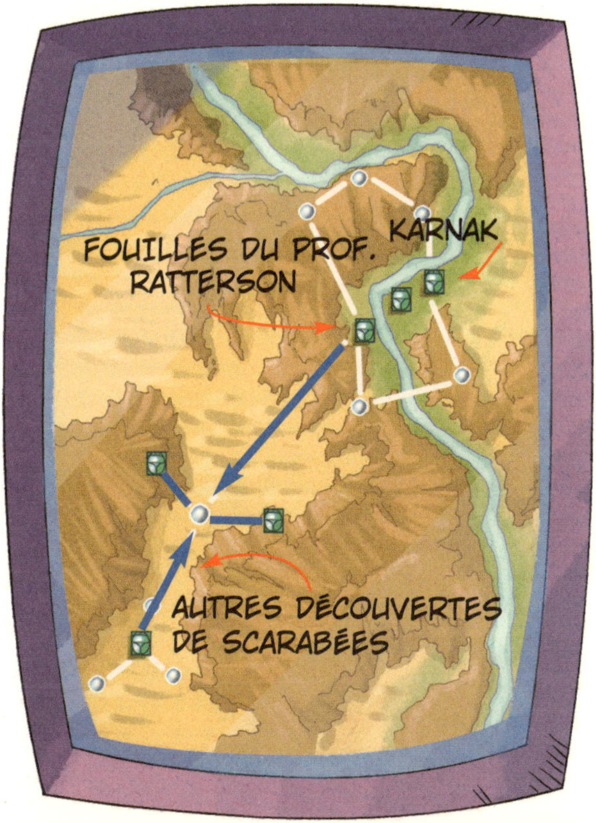

Le site n'était pas très éloigné : en quelques heures, ils étaient sur place, prêts à commencer les fouilles. Les travaux progressaient avec FRÉNÉSIE, jour et nuit. Dunya les avait répartis en deux équipes, qui se relayaient toutes les trois heures. Du sable commencèrent à émerger des fragments de colonnes, des chapiteaux BRISÉS et de grandes dalles de PIERRE. Peut-être y avait-il eu vraiment un temple, autrefois ? Ce fut seulement quand Pam eut trouvé une grosse tête ronde en granit rose qu'il devint certain que le Trésor du Soleil n'était plus très loin.

– Un autre scarabée ! s'exclama-t-elle.

Dunya étudia l'inclinaison de la statue et ordonna de concentrer les FOUILLES à l'endroit où pointait le museau de l'insecte : elle avait bien retenu la théorie de Delétincelle !

– STOP ! cria alors Dunya. Suspendez les travaux. Nous devons récupérer nos forces avant de nous aventurer là-dessous !

Les Téa Sisters s'écroulèrent, épuisées, sous une tente. La seule à ne pas prendre de repos fut Dunya, qui continua à étudier hiéroglyphe après hiéroglyphe le PAPYRUS du professeur Ratterson.

– « Seule la sagesse du dieu Khépri permettra d'atteindre le Trésor du Soleil ! » se répétait-elle. Donc, ce ne sera pas facile d'arriver jusqu'au trésor. Les Égyptiens imaginaient toujours des OBSTACLES très ingénieux pour protéger leurs trésors !

Ratatton, qui montait la garde devant la tente et avait tout entendu, BOUGONNA :

– Dunya, cette histoire ne me plaît pas ! Je n'ai pas envie de rester enseveli parce que je n'aurai pas trouvé la solution d'une devinette…

Dunya lui tapa sur l'épaule avec un SOURIRE perfide.

– Hé hé, ce ne sera pas nécessaire, Rataton ! C'est Bart qui risquera son poil pour nous !

DANS LES ENTRAILLES DE LA TERRE

L'aube ne pointait pas encore quand Dunya réveilla Delétincelle et lui dit ce qu'elle attendait de lui.

– Non, non, non et non ! répliqua le professeur en criant. Je ne t'aiderai jamais à accomplir ce PILLAGE !

Les éclats de voix réveillèrent les Téa Sisters en sursaut.

– Que se passe-t-il, professeur ? demanda Paulina, le SOUFFLE court.

Delétincelle était vraiment furieux :

– Elle prétend maintenant que je descende là-dessous !

Violet vint se mettre face à Dunya, en croisant les bras.

– Il ne faut pas qu'une personne seule DESCENDE, c'est trop DANGEREUX !

– Tu as peur de perdre ton petit prof, ma jolie ? Dans ce cas, descends avec lui ! rétorqua l'archéologue d'un air de défi.

Mais si elle avait cru faire peur aux Téa Sisters, elle s'était **LARGEMENT** trompée !

Violet l'affronta avec décision :

– Eh bien oui, nous descendrons toutes avec lui !

– Non, pas les filles ! intervint Delétincelle, affolé. J'irai ! Je n'ai pas besoin d'elles. Je trouverai le trésor tout seul.

– **HA ! HA ! HA !** Vous êtes *pathétiques* !

commenta Dunya en se moquant d'eux. Mais très bien, vous descendrez tous les six. Ensuite, une fois le trésor en lieu sûr, je vous laisserai PARTIR.

Dunya n'accorda même pas le temps de la réflexion aux Téa Sisters et à Delétincelle. Elle leur donna des CORDES, des torches électriques, des casques de mineur et tous les outils nécessaires pour une telle entreprise.

De plus, elle posa sur le casque du professeur une petite caméra vidéo, de façon à les contrôler.

– Je verrai tout ce qui se passe sur mon ÉCRAN d'ordinateur, comme si j'étais avec toi ! le prévint-elle. Donc… pas d'EMBROUILLES !

Puis elle leur remit le papyrus et le scarabée en lapis-lazuli.

– Ça pourra servir.

Delétincelle se laissa glisser le premier vers le fond, puis engagea les filles à le rejoindre mais avec prudence.

Le puits donnait sur une petite salle souterraine d'où partait un boyau.

Nicky se sentit frissonner à la seule pensée d'entrer là-dedans. Quand elle s'était proposée COURAGEUSEMENT d'accompagner le professeur, elle avait oublié qu'elle était claustrophobe* !

Violet lui prit la main et la serra pour l'encourager.

– Maintenant, tu es devenue une experte pour dompter tes PEURS, Nicky ! Prends une profonde inspiration et souviens-toi que nous sommes là, avec toi !

Nicky lui sourit en faisant oui de la tête.

Le boyau était étroit et tortueux, au point qu'il leur fallut ramper. Bientôt, ils débouchèrent dans une seconde salle, un peu plus grande que la première. Sur trois côtés s'OUVRAIT un couloir.

– Lequel prendrons-nous, professeur ? demanda Pam.

Pendant que Delétincelle cherchait une

* La claustrophobie est la peur des espaces clos.

réponse en consultant le papyrus pour la énième fois, les filles **REGARDÈRENT** autour d'elles.

– Il y a des hiéroglyphes à l'entrée des couloirs ! fit remarquer Paulina. Qu'est-ce que cela veut dire ?

Delétincelle, *perplexe* :

– *Akhet… Péret… Chémou…*

LE CALENDRIER ÉGYPTIEN

Les Égyptiens basaient leur calendrier sur l'alternance des périodes d'assèchement et de crue du Nil. L'année était divisée en trois saisons, chacune de quatre mois.

LES SAISONS

La première saison était appelée **Akhet**, qui signifie « crue » : c'était la saison où le Nil débordait.
Puis venait **Péret** (« le retrait »), où le Nil se retirait et où on ensemençait les champs.
Enfin **Chémou** (ou « sécheresse »), la période de la récolte du blé, où les eaux du Nil descendaient à leur niveau le plus bas.

DANS LE LABYRINTHE

Les Téa Sisters et Delétincelle étaient confrontés au premier choix à faire sur la direction à suivre.

– Le PAPYRUS suggère quelque chose ? demanda Paulina.

Delétincelle le relut **RAPIDEMENT** :

– Ici, il dit : « La voie de Khépri est sombre mais elle suit Râ le puissant… »

– Râ est le dieu du soleil… réfléchit Paméla à voix haute.

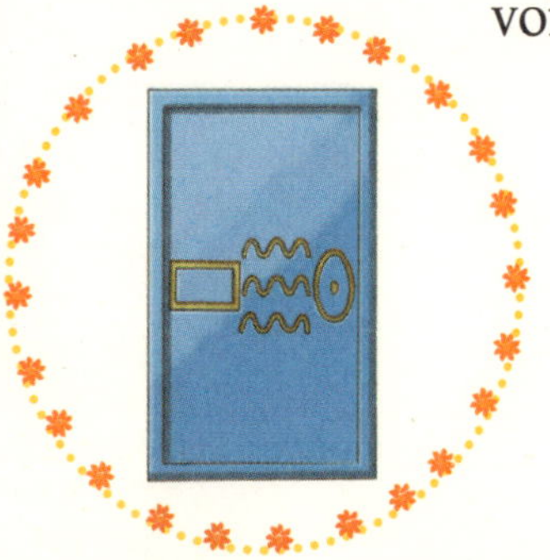

Violet poursuivit sa pensée :

– … et c'est en été que le soleil est le plus puissant…

– *Chémou !* s'exclama Delétincelle. *Chémou* veut dire sécheresse, parce que c'était le mois le plus chaud de l'année ! La saison où le dieu Râ était le plus **PUISSANT** !

Ils prirent donc l'entrée qui portait le hiéroglyphe *Chémou*.

Le couloir descendait de plus en plus dans les entrailles de la **TERRE** mais, au moins, il était assez haut pour qu'ils puissent se tenir debout.

Dunya, pendant ce temps, suivait leur parcours pas à pas grâce à la télécaméra placée sur le casque de Delétincelle. Mais elle avait fait une erreur : elle n'y avait pas placé de micro, si bien qu'elle n'arrivait pas à comprendre pourquoi les Téa Sisters et le professeur avaient choisi ce couloir plutôt qu'un autre.

Quand enfin le couloir s'élargit, les six explorateurs souterrains se retrouvèrent de nouveau dans une salle. Ils CRAIGNIRENT un instant d'être revenus sur leurs pas, mais virent bientôt que l'endroit avait quatre ouvertures, et non trois. Et puis, il y avait sur les murs de simples décorations et non des hiéroglyphes !

– Quatre couloirs, comme les quatre mois qui constituaient une saison, pour les Égyptiens ! réfléchit Violet, qui vérifiait attentivement les encadrements des entrées. Sauf qu'ici, je ne vois rien d'écrit…

Pendant ce temps, les autres Téa Sisters examinaient les murs pouce par pouce, à la recherche d'indices. Quand tout à coup…

– EEEEEEEEEEEEEEEH !

Le cri de Paméla fit sursauter tout le monde.

– Quoi ? Qu'est-ce que tu as vu ? balbutia Delétincelle, effrayé.

Pam tendit un doigt vers le sol et bégaya :

– Là… une B-B-BÊTE !

EEEEEEEEEEEEEEEEEEH !

Paulina se pencha, écarta le sable de la main, et sa torche éclaira un petit scarabée de pierre noire. Colette se mit à rire, plus par nervosité.

– Tu fais vraiment une fixation sur les scarabées, Pam !

Mais Paméla souffla :

– PFF ! N'empêche qu'on aurait dit un vrai !

Le sol, jusque-là, avait été de terre battue. Mais cette salle avait un sol dallé, que le temps avait cependant recouvert d'une épaisse couche de sable.

Sur les dalles se détachaient quatre scarabées en relief, la tête tournée vers des directions différentes.

Nicky fouilla parmi ses OUTILS et trouva un ciseau de sculpteur. Elle s'appliqua à ôter l'un des SCARABÉES : en quelques minutes, elle parvint à l'extraire assez facilement.

Sur le ventre du scarabée un hiéroglyphe était gravé !

Delétincelle expliqua :

– *Payni !* C'est le nom du second mois de la saison de *Chémou*.

Entre-temps Paulina avait détaché un deuxième scarabée, Colette un troisième et Violet le quatrième : chacun portait un nom de mois.

– Il est CLAIR que nous devons en choisir un ! Mais lequel ? dit alors Paulina.

– *Mesore !* s'exclama Delétincelle d'un ton **DÉCIDÉ**. Nous devons prendre le couloir désigné par le scarabée du nom de *Mesore*. J'en suis sûr. *Mesore* veut dire « naissance de Râ »… la naissance du soleil !

Le **REGARD** de Violet s'illumina.

– Et selon les Égyptiens, quand le soleil se lève, c'est-à-dire à l'aube, il monte au-dessus de l'**HORIZON** et brille comme le Trésor du Soleil !
Delétincelle approuva, très satisfait.
Les Téa Sisters s'empressèrent de remettre les scarabées à leur place et suivirent le *professeur*. Ils entrèrent alors dans un long couloir qui monta puis descendit puis monta encore, formant d'étranges virages en coude, jusqu'au moment où…
– Oh nooon ! Passage ~~**BARRÉ**~~ !

LA SAGESSE DU SCARABÉE

– ESPÈCE D'INCOMPÉTENT ! s'écria Dunya, prise de rage. Tu t'es trompé de couloir ! Depuis qu'ils étaient descendus sous terre, Dunya n'avait pas quitté des yeux l'écran de son ORDINATEUR.

Elle les avait suivis pas à pas comme si elle-même était perchée sur le casque de Delétincelle.

Dans le boyau, pendant ce temps, le professeur regardait avec découragement l'énorme ROCHER rond qui bouchait complètement le couloir.

– Hem… grommela-t-il, embêté. Nous ferions peut-être mieux… hem… de faire demi-tour !

Les filles firent VOLTE-FACE d'un même mouvement, et reprirent le couloir par lequel ils étaient arrivés.

– Il n'y a que quatre couloirs ! Nous finirons bien par trouver le bon ! souligna Nicky en essayant de cacher sa déception.

Seule Violet resta immobile devant le rocher, l'air PENSIF.

Colette se retourna pour l'appeler :

– Tu viens ?

Violet marmonna :

– Avec la nourriture qu'il recueille, le *Scarabaeus sacer* forme des boules parfois

plus grosses que lui, qu'il pousse et fait rouler jusqu'à son nid...
Colette la fixa, perplexe.
– Euh... c'est un nouveau proverbe CHINOIS de grand-père Tchen ?
Violet continua :
– Non, je l'ai lu dans l'encyclopédie...
Puis, sans détacher son REGARD du rocher rond qui bloquait la sortie, elle ajouta :
– Nous devrions peut-être POUSSER ce rocher, le faire rouler !
– J'ai bien entendu ?! Tu veux nous faire déplacer cet énorme bloc ?!? s'exclama Pam, incrédule.
Violet insistait, obstinée :

SCARABAEUS SACER

Le *Scarabaeus sacer* (c'est-à-dire « scarabée sacré ») est très répandu en Égypte. Les anciens Égyptiens le vénéraient comme une divinité. Le scarabée, en effet, enfouit ses œufs dans de la bouse fraîche dont il forme des pelotes qu'il fait rouler jusqu'à son terrier. Ces boulettes constituent aussi des réserves de nourriture pour ses petits. C'est pourquoi les anciens Égyptiens comparaient l'insecte au dieu Soleil, qui pousse devant lui la « boule » du soleil.

– Le PAPYRUS dit : « Seule la sagesse du Scarabée permettra d'atteindre le Trésor du Soleil ! » À mon avis, cela veut dire que nous devons penser et AGIR comme les scarabées !
Pam croisa les bras et fronça les sourcils.
– Les filles, je veux bien tout. Mais entrer dans la tête d'une de ces sales bêtes, alors là, je m'y refuse !
Elle était si DRÔLE avec son expression courroucée que ce fut un éclat de rire général.
– Ha ! Ha ! Ha !
C'était vraiment ce qu'il leur fallait, à ce moment-là, pour se détendre les nerfs !
À la surface, Dunya et Rataton, ébahis, observaient leurs prisonniers. Dunya n'en croyait pas ses yeux : comment ces six imbéciles pouvaient-ils rire dans une situation pareille ?! Évidemment, elle était incapable d'imaginer l'effet bénéfique d'une bonne partie de rire entre amis !
Puis Delétincelle se mit à réfléchir aux paroles de Violet. Il fallait bien admettre que c'était plein de bon sens et de pertinence.

– Même si l'entreprise paraît infaisable, je propose d'essayer de **POUSSER** ! lança-t-il.
– Okay, fit Paméla en retroussant ses manches et en montrant les muscles de ses bras. Maintenant, regardez Superpam en action !
Tandis que Colette, Violet et Paulina les **ÉCLAIRAIENT** de leurs torches, Delétincelle, Pam et Nicky posèrent les mains sur le rocher et, au cri de :

Un, deux, trois, pousseeez !

K-KKKRRRRRRR

commencèrent à pousser ensemble de toutes leurs **FORCES**.

D'abord, il ne se passa rien.

Mais peu à peu, incroyablement… le rocher sembla rouler !

– Ça marche ! On va y arriver ! exultait Nicky.

Après la poussée initiale, l'énorme masse bougea avec une étonnante facilité.

– C'est parce que… *pff pff*... parce que ça descend ! dit Delétincelle, rouge sous l'effort. Voilà pourquoi nous parvenons à le **DÉPLACER** !

En effet, le rocher se trouvait au sommet d'une légère pente, le long de laquelle il commença à rouler lentement…

K-KKKKRRRRRR

Une découverte sensationnelle !

Arrivé en bas de la pente, le ROCHER s'arrêta et les Téa Sisters et le professeur s'écroulèrent sur le sol, épuisés.

– OUF !

Mais il n'y avait plus de chemin à présent : devant eux, un trou énorme, que surplombait une vaste terrasse en demi-cercle.

Nicky se RELEVA la première, rassurée par cet espace ouvert. Elle se PRÉCIPITA vers le parapet de la terrasse.

Face à elle s'étendait un gouffre. De l'autre côté on voyait une large corniche de roche, mais bien trop éloignée pour qu'on l'atteigne d'un BOND.

L'obscurité empêchait de voir ce qu'il y avait au-delà de la porte qui se situait au bout de la corniche.
– Oh non ! dit alors Paulina, d'une voix pleine d'effroi. Les piles de nos LAMPES sont en train de s'épuiser, les filles !
– Ne vous *inquiétez* pas, intervint Delétincelle. J'ai des **FLAMBEAUX** avec moi : il ne faut jamais risquer de se retrouver sans lumière, sous terre…
Chacun alluma un flambeau, et ils rejoignirent Nicky au bord du gouffre, éclairant l'espace sous eux. Une lueur dorée tout au fond fit jaillir des reflets autour d'eux.
– **Le Trésor du Soleil !** s'exclamèrent-ils tous les six en chœur.
Pendant quelques minutes, ils restèrent bouche bée, comme ENSORCELÉS. Ils avaient trouvé le trésor, enfin ! Il était là, au fond, ils pouvaient presque le voir mais il était… inaccessible !
– Nous ne pouvons pas aller plus loin, les filles, déclara Delétincelle, la voix brisée par l'émotion. Il va falloir remonter et rapporter de quoi construire un pont.

Ils se retournèrent pour repartir, et c'est alors qu'un SPECTACLE incroyable explosa devant leurs yeux. La paroi sur la terrasse, derrière eux, était entièrement recouverte de dessins aux couleurs éclatantes !
On y voyait les rives du Nil, riches de plantes et de fleurs en tout genre, avec des oiseaux multicolores et même un crocodile !

– Quelle merveille ! s'exclamèrent les Téa Sisters en s'approchant.

– Et les dessins se sont *parfaitement* conservés ! renchérit Delétincelle, les yeux brillants. Quelle découverte **sensationnelle** !

QUELLE MERVEILLE !

ET LE MODE D'EMPLOI ?

La beauté *merveilleuse* des peintures fit oublier au groupe pendant quelques minutes le Trésor du Soleil, toujours inaccessible.

– Oh, regardez ! s'écria Nicky. Là, il y a des **TROUS** !

En effet, à l'extrémité gauche de la paroi étaient disposés cinq trous ovales : un plus **GRAND** au milieu et quatre petits autour. Leur forme était très régulière.

Colette fronça le bout du museau, très concentrée.

– Hum ! Ces trous me rappellent quelque chose…

Puis, sans rien ajouter, elle partit en courant, remontant le couloir.

– Qu'est-ce que tu fais, Coco ? lui crièrent ses amies.

La réponse arriva de loin, toute FAIBLE :

– Juste une vérification…

Pendant ce temps, des dizaines de mètres plus haut, Dunya frémissait d'impatience.

– Grrr !!! On peut savoir ce qu'ils fabriquent, ces imbéciles ?! Ils feraient mieux de chercher un passage pour ARRIVER au trésor ! Ils y sont presque !

Rataton essaya de la raisonner :

– Comment pourraient-ils l'atteindre ? Il est au fond d'un gouffre !

Mais Dunya insistait, **TÊTUE** :

– Je suis sûre qu'il y a un moyen, j'en suis sûre ! Il faut juste qu'ils fassent fonctionner leur petite cervelle de **fourmi** !

Colette était revenue entre-temps, triomphante, auprès de Delétincelle et de ses amies. Elle tenait les quatre scarabées, qu'elle avait extraits du sol dallé. Les autres l'entourèrent, **INTRIGUÉES**.

Colette leur fit un clin d'œil.
– Je ne suis pas très forte pour résoudre les CASSE-TÊTE, mais si ça marche comme pour les bijoux dans lesquels on incruste des pierres précieuses…
Elle enfonça alors la base d'un des scarabées dans l'un des trous les plus petits.
– *Et voilà !* s'exclama-t-elle avec fierté. On dirait qu'ils sont faits exprès !
– Parce qu'ils *sont* faits exprès ! confirma Violet.
– Ça ne peut pas être une coïncidence !
Paulina battit des mains, toute joyeuse.
– Colette, tu es la meilleure !
Les quatre scarabées s'encastrèrent parfaitement dans les quatre trous. Restait le trou central, qui était VIDE.
– Et celui-là ? Avec quoi va-t-on le remplir ? demanda Pam en le désignant.
– Le scarabée en lapis-lazuli ? suggéra Nicky d'une voix hésitante.
Delétincelle se frappa le front :

POC !

– Évidemment ! dit-il. J'avais complètement oublié que je l'avais !
– Avant de l'encastrer, nous devrions *lire* ce qui est gravé dessous, rappela Violet.
Le professeur lut à haute voix :

« LE TRÉSOR DE RÂ PARCOURT LES EAUX OBSCURES D'ATOUM-RÂ MAIS KHÉPRI L'ÉLÈVERA JUSQU'AU CIEL EN TOURNANT LA GRANDE ROUE » !

Colette SOURIT d'un air béat :
– Moi, je trouve ça très poétique, pas vous ?
– Mmm, ouais... fit Pam en fronçant le nez. J'aurais préféré un simple mode d'emploi !
Le professeur approcha le scarabée bleu du trou dans le mur.
– On dirait que c'est la bonne dimension...
Il dut exercer une FORTE pression pour l'encastrer mais quand il y fut parvenu, on entendit un puissant déclic.

STROUNKKKKKKKT !

Autour d'eux, tout se mit à trembler puis quelque chose se détacha du sol de la terrasse et se souleva, devant leurs yeux ébahis...
Une sorte de grande roue en pierre était en train de SURGIR du sol !

EEEEEEEEEEEEEEEEEEEEEHHHHHHHHHHHHH!

LE MYSTÈRE DE LA ROUE

Dès que le sol eut cessé de trembler, les Téa Sisters et Delétincelle s'approchèrent CRAINTIVEMENT et tournèrent autour de cette étrange, énorme roue.

Qu'est-ce que cela pouvait bien être ?

– On dirait le gouvernail d'un BATEAU… hasarda Pam. Sauf que c'est à l'horizontale…

– Ça me rappelle le tourniquet que ma petite sœur Maria aimait tant ! soupira Paulina, et un voile de TRISTESSE embua ses yeux. Depuis que nous avons quitté le camp de Ratterson, je n'ai pas pu communiquer avec elle. Elle va croire que je l'ai oubliée…

– C'est peut-être en effet un genre de TOURNIQUET, dit Violet. Il faut peut-être la faire tourner !

– Professeur, le papyrus ne peut pas nous éclairer ? demanda Colette.
Delétincelle consulta le PAPYRUS.
– Hum… je n'ai pas l'impression. En tous cas, il n'indique rien de précis…
– Assez perdu de temps ! coupa Nicky. Violet avait raison pour le rocher. Essayons de faire tourner cette roue et nous verrons bien !
Chacun se plaça alors devant un des BARREAUX qui dépassaient de la roue et se mit à pousser.
Ils essayèrent une première fois… rien !

Une seconde fois… la roue avait un tout petit peu bougé, mais se bloqua aussitôt.
Pour la troisième tentative, ils **APPUYÈRENT** de tout leur poids sur les barreaux et… enfin la roue commença à céder !
Peu à peu, avec une *lenteur* extrême, mais de façon régulière.

Ils ne s'aperçurent pas tout de suite, tant l'effort était grand, que quelque chose se produisait à quelques mètres de là.

Sous le parapet extérieur de la terrasse, des dalles de pierre triangulaires s'OUVRIRENT en éventail pour former une sorte de passerelle. Quand cette passerelle fut complètement ouverte, elle alla s'ENCASTRER dans un pilier de pierre de l'autre côté.

TRANKTTT !

C'était un pont au-dessus du gouffre !

– Nom d'un boulon déboulonné, nom d'une BIELLE ! Nous voilà en pole position ! hurla

Voici comment s'ouvrent les marches de la passerelle !

Pam, la première à découvrir ce passage **surprenant**.

Aussitôt elle serra Colette dans ses bras en la soulevant de terre.

– Tu as tapé dans le mille, Colette ! Tu es un génie, ma sœur !

Au même instant, dans le camp, Dunya aussi s'était mise à **CRIER**, folle d'excitation :

– Ouiii ! Ils ont réussi ! **COURONS** mettre la main sur le trésor !

LE TRÉSOR DU SOLEIL

Le professeur Delétincelle voulut traverser le PONT le premier, pour être sûr qu'il supportait le poids.

Arrivé sur la corniche, satisfait, il appela les Téa Sisters :

– Avancez, les filles ! C'est solide !

Paméla ne se le fit pas dire deux fois et se précipita. Elle était presque au milieu du pont quand elle se rappela que Violet souffrait du vertige, et elle se retourna.

Son amie, en effet, était plantée au bord de la passerelle tandis que les autres l'ENCOURAGEAIENT.

– Allez-y, les exhorta Violet. Moi, j'en suis incapable ! Ce précipice… et il n'y a même pas de rampe… je ne peux pas ! Je vous attends ici !

– Pas question ! répliqua Pam, aussitôt revenue en ARRIÈRE. Tu as été la plus astucieuse de nous toutes, et tu mérites d'être la première à voir le trésor !
Toutes étaient d'accord : sans Violet, personne n'aurait pensé à faire rouler le ROCHER qui bloquait le souterrain !
– Mets-toi entre Pam et moi, proposa Nicky. Nous te tiendrons chacune FERMEMENT par la patte et nous guiderons tous tes mouvements. Tu pourras même fermer les yeux et ne jamais REGARDER en bas !
Grâce à l'aide de ses amies, Violet réussit à franchir le pont sans regarder, pas même une seule fois, le vide sous ses pattes. Après la passerelle s'ouvrait un autre tunnel, où les filles et Delétincelle se mirent à COURIR. C'était bas de plafond et sombre, mais les flammes des torches faisaient SCINTILLER les parois.
Quand enfin le tunnel s'ouvrit, ils furent comme enveloppés d'un nuage de poussière dorée…

– **AHEM ! AHEM ! AHEM !**

La poussière se dissipa peu à peu et se déposa sur le sol.

Ce fut alors qu'apparut enfin…

le Trésor du Soleil !

La barque était immense, entièrement revêtue d'or et remplie de trésors !

OOOOOOOOOOOOOOOOOOOOOOOOOOOOOOOOOOOOOOOOOOOOOHHHHHH !

Delétincelle et les Téa Sisters s'approchèrent de cette merveille en silence et sur la pointe des pieds, comme s'ils avaient PEUR de violer un lieu sacré.
Ils étaient les premiers à pénétrer LÀ depuis des milliers d'années !
Tout était resté intact, comme le pharaon l'avait laissé : les statues de pierre peintes, avec leurs têtes d'animaux et leurs yeux de verre, semblaient les regarder SÉVÈREMENT.
Partout où ils posaient les yeux, le *professeur* et ses élèves découvraient les objets d'art les plus raffinés, d'une valeur inestimable. C'était une véritable merveille du passé, extraordinairement bien conservée depuis des millénaires !
Ils n'étaient pas encore revenus de leur étonnement quand…

POUM POUM POUM

… un bruit lointain de pas précipités les secoua de leur torpeur.
– DUNYA ! s'écria Bartholomé en frémissant,

comme s'il se réveillait d'un rêve fabuleux pour plonger aussitôt dans un CAUCHEMAR.

– Ils arrivent… murmura Paulina.

– Qu'est-ce qu'on fait ? répondit Colette en écho.

Ils ÉCHANGÈRENT tous les six des regards effrayés.

ENLEVEZ VOS SALES PATTES !

Dunya et ses complices n'avaient pas mis longtemps pour **ATTEINDRE** le Trésor du Soleil, puisque la voie était libre pour eux, débarrassée de ses dangers et de ses embûches.

Ils firent irruption dans la salle en **HURLANT**

et en faisant patte basse sur tout ce qui était à leur portée.
Delétincelle, horrifié, se mit à crier plus fort qu'eux :
– ASSEZ ! ENLEVEZ VOS SALES PATTES ! CES OBJETS SONT TRÈS FRAGILES !
Mais ce fut seulement lorsqu'ils eurent amassé dans leurs pattes une quantité exorbitante de bijoux et de pierres précieuses qu'ils se calmèrent.
– Maintenant, il faut emporter tout ça, ordonna Dunya, encore excitée par le butin. Mais avec soin, et de façon méthodique ! Gare à vous si vous abîmez quelque chose !
– Et la barque d'or ? demanda Rataton. On ne pourra jamais la sortir tout entière...
Dunya réfléchit un instant, puis haussa les épaules avec désinvolture.
– C'est dommage, mais... il faudra la casser en plusieurs morceaux !

– JAMAIS ! s'interposa Delétincelle, qui se jeta devant le trésor pour le protéger. Jamais je ne te permettrai de commettre un tel CRIME !
Les Téa Sisters se rangèrent aussitôt à côté de lui.
– Vous ne mettrez pas vos sales pattes sur le trésor ! lança Paulina.
Dunya soupira, AGACÉE, et leur tourna le dos.
– Ôtez-les-moi de là ! ordonna-t-elle à Rataton et à ses complices. Je n'ai pas de temps à perdre avec ces salades !
Rataton rudoya Delétincelle pour le forcer à DÉGAGER, mais le professeur résista et tous deux roulèrent sur le sol.
Pendant ce temps, Paméla, Nicky, Paulina, Colette et Violet étaient aux prises avec les trois autres pillards : elles se débattaient vivement pour leur ÉCHAPPER et se défilaient comme des anguilles entre leurs griffes.
Ce fut alors que Delétincelle et Rataton, toujours EMPOIGNÉS l'un à l'autre, tombèrent

contre une pyramide de jarres en terre cuite. La pyramide s'écroula, les jarres roulèrent sur le sol et allèrent heurter les Téa Sisters, qu'elles firent **TOMBER** comme des quilles.

– Profitez-en, bande d'abrutis ! hurla Dunya à ses sbires. Attachez-les tous ensemble et jetez-les dans cette galerie latérale, comme ça ils ne nous gêneront pas pour évacuer le trésor !

Ratatan et les autres obéirent promptement et bloquèrent l'ouverture de la galerie en déplaçant une **GRANDE** statue peinte.

CHPOUM !

Les Téa Sisters et Delétincelle se retrouvèrent enfermés dans le NOIR, sans portables ni aucun moyen d'appeler à l'aide.

Par CHANCE, Rataton les avait ficelés à la hâte, et ils ne tardèrent pas à se défaire de leurs CORDES.

Mais ils restaient pris au piège !

EMPRISONNÉE dans ce lieu étroit et sans lumière, Nicky commença à respirer difficilement.

– Viens plus près, lui proposa Colette. Je sens comme un courant d'air, ici, dans mon dos...

Effectivement, un FILET d'air filtrait entre les blocs de pierre.

Nicky respira profondément et essaya de se détendre. Puis, quand elle se sentit plus calme, elle réfléchit :

– Si de l'air passe, nous pouvons peut-être déplacer ces pierres !

Les filles grattèrent avec leurs ongles et parvinrent à faire sauter quelques petits cailloux. Le souffle d'air devint plus FORT.

– Il doit y avoir un passage ! s'exclama Pam.

Delétincelle se joignit à elles, et ils vidèrent tous leurs poches à la recherche d'objets qui les aideraient à creuser.

Ils trouvèrent : deux stylos, un CRAYON et un TROMBONE en métal.

Colette contribua par une lime à ongles, une pince à épiler et quelques barrettes.

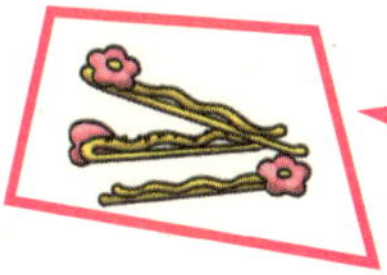

À GRAND-PEINE, avec les outils qu'ils avaient, ils réussirent à élargir le TROU du mur suffisamment pour que chacun puisse passer de l'autre côté.

Ils se retrouvèrent dans un boyau en pente, qui grimpait, mais vers où ?

– Si de l'air ENTRE, cela veut dire que ce passage communique avec l'extérieur ! observa Violet, pleine d'espoir.

Puis, à Nicky :

– Tu te sens capable de ramper là-dedans avec nous ?

Son amie répondit avec CONVICTION :

– Tout ce que tu voudras, pourvu qu'on sorte d'ici !!!

SAUVE QUI PEUT !

Après avoir remonté en rampant l'étroit boyau, les Téa Sisters et Delétincelle débouchèrent à l'air libre, non loin du campement. C'était l'aube. Ils allèrent se cacher derrière des ROCHERS, immobiles et silencieux.

Reprenant leur souffle et emplissant leurs poumons de l'air frais du petit matin, ils observèrent les mouvements des pillards : ces derniers s'étaient bien organisés pour emporter à l'extérieur des souterrains l'énorme trésor.

Paméla montra du doigt un minibus tout proche et murmura :

– On pourrait s'ENFUIR avec ça !

Delétincelle secoua la tête.

– Ils nous rattraperaient. Et puis, nous n'avons pas la clé pour le démarrer.

– Laissez-moi faire, professeur ! chuchota Paméla. J'ai appris pas mal de petites choses avec mon frère Sam, qui est MÉCANICIEN !

Delétincelle la regarda d'un air interrogateur, mais Paulina confirma :

– Il n'y a pas un seul moteur au monde qui puisse résister à Pam !

Ce fut l'affaire de quelques minutes.

Sans bruit, Paméla bricola dans le moteur du minibus. Et soudain, un vrombissement se fit entendre :

WROOUUUUMMMMM !

Delétincelle et les Téa Sisters sautèrent dans le minibus, qui partit à toute allure.
Les malfrats le virent passer sous leur nez comme une **FLÈCHE** et en restèrent bouche bée.
Quand Dunya comprit qu'ils s'étaient enfuis, elle se mit à crier :
– SUIVEZ-LES DONC, ABRUTIS !
Tous les véhicules du camp
se lancèrent alors à la poursuite.

HAUT LES PATTES !

Dans cette course effrénée, Paméla fit la démonstration de son talent de pilote.

Foncer au volant d'un minibus sur ce terrain accidenté, plein de cailloux et de *trous*, sans se fracasser contre un rocher ni se renverser ni crever un **PNEU**, fut vraiment un exploit **légendaire** !

Cependant, la jeep de Dunya était plus rapide, peut-être aussi parce qu'elle était moins chargée. Kilomètre après kilomètre, elle gagnait du terrain. De temps à autre, au sommet d'une côte, les Téa Sisters pouvaient même apercevoir derrière elles leurs **POURSUIVANTS**.

Enfin apparut une piste en terre battue, avec même un panneau indiquant la direction de Louxor.

Mais ce fut à ce moment qu'un voyant ROUGE s'alluma sur le tableau de bord.

– Oh non ! gémit Pam, CATASTROPHÉE. On n'a presque plus d'essence !

Le minibus roulait toujours, à vive allure, mais sans essence ils étaient fichus ! Bientôt le moteur s'arrêterait. Qui leur porterait secours, alors, dans cet endroit perdu ?

– Eh ! Je vois un nuage de poussière, là-bas, au fond ! s'exclama Violet en tendant le doigt devant eux. C'est peut-être un autobus…

Mais Nicky et Colette, qui surveillaient les mouvements de leurs poursuivants, CRIÈRENT :

– Plus vite, Pam ! La jeep de Dunya est en train de nous rattraper ! PLUS VIIIIIITE !!!

WROOOOUUUM… P-OT… POT… POT…

Le minibus, dans un dernier hoquet, s'arrêta.

Paméla lâcha le volant en soupirant.

– Bon ! Au moins on aura essayé !

Bien vite, les malfaiteurs les rejoignirent.

Rataton fit sortir de force les filles et le professeur du véhicule en hurlant :

– SORTEZ DU MINIBUS ! LES PATTES SUR LA TÊTE ! VOUS ALLEZ PASSER UN SALE QUART D'HEURE, ESPÈCES DE CAMEMBERTS POURRIS !

Dunya s'approcha de Delétincelle avec un sourire MOQUEUR.

– Mes compliments, Bart ! Tu as failli nous ÉCHAPPER !

Mais son sourire se transforma en grimace car soudain une voix retentit :

– POLICE ! PERSONNE NE BOUGE !

ALLÔ ! ALLÔ !

Ce petit nuage de poussière que Violet avait vu à l'**HORIZON** n'était pas un autobus, mais un véhicule de la **POLICE** égyptienne, qui était précisément à leur recherche !
Les agents étaient arrivés juste au bon moment.

Pris sur le fait, Dunya, Rataton et leurs complices ne purent que se rendre.
L'officier confia les malfaiteurs à ses hommes, puis il s'adressa aux Téa Sisters :
– Y a-t-il une certaine Paulina parmi vous ?
Paulina tressaillit et s'avança, intimidée.
– Euh, c'est moi… pourquoi ?
Le policier SOURIT et lui tendit un portable.
– Appelez tout de suite votre sœur, mademoiselle ! Elle a remué CIEL et terre pour que nous allions à votre recherche !
– MARIA ?!? s'exclamèrent les Téa Sisters en chœur.
Cela paraît incroyable, n'est-ce pas ? Et pourtant, c'est bien ainsi que les choses se sont passées !
L'arrivée providentielle de la police a sauvé

les Téa Sisters et le professeur Delétincelle quand tout espoir semblait perdu.

Et c'était la petite Maria, de l'**AUTRE** côté de la planète, qui avait réussi à alerter les policiers !

Car Paulina et Maria ont l'habitude de bavarder longuement sur INTERNET tous les soirs. Et quand sa sœur avait cessé de la contacter, Maria s'était **INQUIÉTÉE** et m'avait téléphoné, à moi, Téa Stilton.

À mon tour j'avais contacté un ami très cher, journaliste au *Caire-Matin*, qui s'était adressé à la police de Louxor !

– **VIVE MARIA !** s'exclama Paulina, fière de sa petite sœur.

– **HIP HIP HIP ! HOURRA !** firent en écho Nicky, Violet, Paméla et Colette.

– J'ai INTERROGÉ le professeur Ratterson sur le chantier des fouilles, reprit l'officier de police. Il m'a dit que vous étiez partis vers le sud-ouest du Nil. Pour tout vous dire, il a ajouté que vous lui avez dérobé un PAPYRUS ancien et un précieux scarabée en lapis-lazuli !

Delétincelle décida que c'était le moment de lui montrer quelque chose !

– Ces ignobles individus sont des pilleurs de trésors ! expliqua-t-il à l'officier. Ils voulaient mettre en PIÈCES le Trésor du Soleil pour en vendre l'or !

Il conduisit alors les policiers sur les lieux de la découverte.

À l'ARRIVÉE au campement, quand l'officier vit les camions chargés d'objets précieux, il téléphona aussitôt au central :

– Envoyez-moi des renforts !

Il fallait au plus vite mettre le trésor en lieu sûr et protéger le site contre d'autres pillards.
– Il y a un **ÉNORME** inventaire à faire ! dit le professeur aux filles. Nous devons dresser IMMÉDIATEMENT la liste détaillée de tous les objets pour nous assurer qu'aucun ne DISPARAISSE !
– Eh bien, il était temps ! commenta Nicky en lançant un clin d'ŒIL à la ronde. Nous étions

venues pour ça, non ? Pas du tout pour une **AVENTURE**… juste pour inventorier des objets !
Et tous **éclatèrent** alors d'un grand rire.

PETITE MARIA, TU ES UNE GRANDE !

Peu de temps après cette incroyable AVENTURE, Maria et moi arrivions à l'aéroport de Louxor.

Il était 2 heures de l'APRÈS-MIDI, l'heure la plus chaude de la journée !

J'étais un peu fatiguée de toutes ces heures en avion. Mais Maria (dont le voyage avait été deux fois plus long, puisqu'elle venait du Pérou !) était FRAÎCHE comme une fraise des bois dans une CLAIRIÈRE !

Quand elle vit Paulina qui l'attendait à la sortie passagers, la petite Maria se précipita dans les bras de sa sœur.

Elles seraient sûrement tombées toutes les deux par TERRE, si les autres Téa Sisters n'avaient pas été là pour les rattraper ! Maria et Paulina n'en finissaient pas de se couvrir de baisers. J'en profitai pour demander aux autres filles où en était la préparation de l'exposition.

Colette lança un gémissement DÉSESPÉRÉ :

– HOULALA ! C'était le plus épuisant de toute notre aventure ! Et porte ça ici... et mets ça là... et attention aux sources de lumière...

– La pauvre Colette se faisait un shampoing toutes les dix minutes pour survivre au STRESS ! ironisa Nicky.

– C'était un travail fatigant, intervint Violet. Mais le résultat final est magnifique ! Tu le verras à l'inauguration !

Nous partîmes aussitôt pour l'hôtel. Nous avions besoin, Maria et moi, de prendre une bonne DOUCHE, avant de nous mettre en grand tralala pour la cérémonie d'inauguration de l'exposition !

Paulina avait acheté une robe neuve à sa petite SŒUR, car elle serait la marraine d'honneur de l'exposition.

– C’est donc toi qui couperas le ruban ! lui avait dit Paulina, ce qui *inquiétait* beaucoup Maria.

– Pourquoi moi ? avait-elle demandé en **ROUGISSANT**, tout intimidée. Ce sont les Téa Sisters qui ont retrouvé le Trésor du Soleil !

– Mais tu es une Téa Sister* toi aussi ! lui rappela Paméla, déchaînant les **APPLAUDISSEMENTS** enthousiastes des autres.

CLAP CLAP CLAP

– D’ailleurs, ajouta Violet, sans toi, à cette heure-ci le Trésor du Soleil aurait été mis en **PIÈCES** !

Maria sourit : elle avait repris courage.

Bientôt nous étions prêtes et nous partions vers le Palais des expositions.

J’étais vraiment curieuse de voir le trésor exposé et de pouvoir interviewer les héros de cette **INCROYABLE** aventure. Je demandai à Colette :

– Le professeur Ratterson sera-t-il présent ?

* Vous souvenez-vous ? Depuis *La Cité secrète*, Maria est devenue elle aussi une Téa Sister !

Elle écarta les bras et poussa un soupir.

– On ne sait pas. Que le Trésor du Soleil soit retrouvé par Delétincelle a été pour lui un affront cuisant…

Mais dès notre entrée dans la première salle, nous eûmes une agréable SURPRISE : Delétincelle et Ratterson étaient là, conversant aimablement !

Le professeur insista même pour que le grand

ÉGYPTOLOGUE pose à côté de lui sur la photo officielle.

– Sans votre papyrus et le scarabée en lapis-lazuli, je n'aurais jamais découvert le Trésor du Soleil, admit-il bien sincèrement.

Mes six Téa Sisters et moi, nous avons préféré poser pour une PHOTO-SOUVENIR beaucoup moins FORMELLE, devant le Trésor du Soleil !

Pour nous, le plus important de toute cette **AVENTURE**, c'était de nous retrouver ensemble, plus amies et plus unies que jamais.

LE DON DU NIL

« L'ÉGYPTE EST UN DON DU NIL », ÉCRIVAIT DÉJÀ AU Ve SIÈCLE AV. J.-C. LE GRAND HISTORIEN GREC HÉRODOTE.

UNE ÉCRITURE EN IMAGES

L'écriture en hiéroglyphes est très ancienne : les Égyptiens commencèrent à l'utiliser environ 3200 ans av. J.-C. !

COMME UN RÉBUS

L'écriture des anciens Égyptiens était formée de plus de 800 caractères. Certains étaient de véritables dessins (idéogrammes), tandis que d'autres correspondaient à des sons (phonogrammes). Les mots étaient composés selon un principe similaire à celui du rébus : un signe pouvait indiquer aussi bien l'objet lui-même qu'une syllabe ayant le même son, mais qui servait alors à former un mot au sens tout à fait différent.

EXEMPLE DE RÉBUS :
« QUI EST-CE ? »
SOLUTION DU RÉBUS :
« C'EST LE ROI »

CHÉOPS KHÉPHREN MYKÉRINOS

Voici des CARTOUCHES : autrement dit, des cadres dans lesquels on inscrivait les noms des souverains.

Les hiéroglyphes pouvaient s'écrire dans plusieurs sens : horizontalement (à lire de droite à gauche ou l'inverse), ou bien verticalement, en colonnes (à lire de haut en bas). Pour comprendre le sens de la lecture, il faut regarder les dessins des hommes et des animaux : ils sont toujours tournés dans la bonne direction.

POUR COMMENCER À ÉCRIRE, IL FALLAIT CONNAÎTRE AU MOINS 600 HIÉROGLYPHES !

Avec le déclin de la civilisation des pharaons, l'écriture des anciens Égyptiens fut abandonnée et demeura incompréhensible pendant 1500 ans. Ce n'est qu'en 1822, grâce à l'égyptologue Jean-François **Champollion** que l'on parvint à déchiffrer et à traduire ces très anciennes inscriptions !

DIVINITÉS DE L'ANCIENNE ÉGYPTE

Les anciens Égyptiens étaient très proches de la nature. C'est sans doute pour cela qu'ils représentaient souvent leurs dieux avec des têtes d'animaux de toutes sortes !
Râ, le dieu Soleil, considéré comme le créateur du monde, est représenté avec une tête de faucon, surmontée du disque solaire.

Tefnout, la déesse de l'humidité, a une tête de lionne.
Bastet, la déesse à la tête de chat, protège les récoltes, et symbolise aussi la joie et la musique.
Maât porte une plume d'autruche sur la tête. C'est la déesse de la justice et de l'ordre.

Horus est souvent représenté, comme Râ, avec une tête de faucon, mais surmontée de la couronne de l'Égypte unifiée : il était en effet, selon la croyance, le protecteur divin du pharaon.
Anubis, avec sa tête de chacal, est le dieu qui accompagne les âmes dans l'au-delà.
Sobek est le puissant dieu des eaux. Aussi a-t-il une tête de crocodile.
Thot est la divinité de la sagesse et de l'écriture : il prend note de tous les événements. Il est souvent représenté avec la tête d'un oiseau au long bec, l'ibis.

CURIOSITÉ

PAPYRUS

UN AUTRE GRAND DON DU NIL

La plante de papyrus était extrêmement importante pour les anciens Égyptiens. À partir du papyrus, ils fabriquaient des cordes, des sandales, des paniers, des radeaux… mais surtout les feuilles sur lesquelles ils écrivaient ! Voici comment ils procédaient :

1 La tige du papyrus encore frais était découpée en bandes fines.

2 Ces bandes étaient disposées côte à côte pour former une première couche puis recouvertes d'autres bandes en sens inverse. Les deux strates étaient alors pressées pour qu'elles adhèrent solidement, trempées dans l'eau puis mises à sécher au soleil.

3 Une fois sèche, la feuille de papyrus était lissée à l'aide d'une pierre ponce, puis ses bords étaient rognés pour les rendre bien réguliers.

4 Les feuilles, collées les unes aux autres de façon à obtenir des bandes longues parfois de plusieurs mètres, étaient ensuite enroulées.

Dans de nombreuses langues, le mot « papier » provient de « papyrus ». Voici quelques exemples (même si la forme écrite est semblable, la prononciation est souvent très différente) : **PAPER** (anglais) ; **PAPIR** (danois, tchèque, croate et norvégien) ; **PAPPER** (suédois) ; **PAPERI** (finlandais) ; **PAPIER** (allemand, hollandais, polonais, français) ; **PAPEL** (espagnol et portugais).

Avec le papyrus, les Égyptiens construisaient même leurs embarcations !
En 1969, l'explorateur norvégien **Thor Heyerdahl** essaya de construire un bateau de 15 mètres en papyrus, avec lequel il voulait traverser l'Atlantique. Il l'appela *Râ*, en l'honneur de la divinité égyptienne.
Sa première tentative échoua, mais il recommença dix mois plus tard. Pour construire son second bateau, il se fit aider des Indiens Aymara, qui vivent sur le lac Titicaca au Pérou et sont experts en embarcations de ce type. Cette fois, l'entreprise fut un succès et Thor Heyerdahl put ainsi démontrer que les anciens Égyptiens étaient capables de naviguer sur de grandes distances, et même d'atteindre le continent américain !

UN BATEAU EN PAPYRUS !

Le second bateau de Thor Heyerdahl s'appelait *Râ II*.
En 1970, ce chercheur et son équipage parcoururent 3 270 miles marins, de l'Afrique du Nord à l'île de la Barbade, entre la mer des Caraïbes et l'océan Atlantique, naviguant pendant 57 jours.

PORTRAITS DE PHARAONS

Les pharaons et leurs épouses étaient vraiment élégants ! Tuniques légères et jupes de lin fin délicatement plissées, capes vaporeuses d'une blancheur immaculée, corselets ornés d'or et de pierres dures, ceintures hautes serrées à la taille, sandales nu-pieds, elles aussi agrémentées d'or.

Sans parler des coiffures, des couronnes, des colliers et des sceptres : ils en avaient pour chaque occasion ! En voici quelques-uns :

1 **KHÉPRESH** : la couronne bleue qui était portée en temps de guerre.

2 **HEKA** : le bâton de berger, symbole du pouvoir royal.

3 **NEKHEKH** : le fléau, symbole de justice.

4 **UAS** : le sceptre des dieux.

1

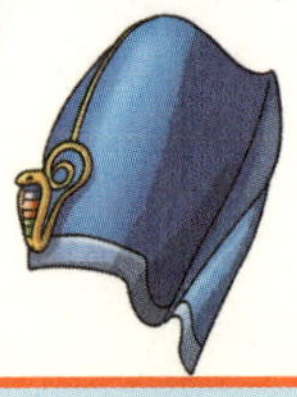

2

3

4

Téa Sisters

JOURNAL à dix pattes !

JEU

REFLETS SUR LE NIL

La solution est à la page 215.

Les deux images paraissent identiques, mais il y a cinq petites différences. Lesquelles ? Découvre-les !

Nature

PALMIERS ET DATTES

Le palmier dattier *(Phoenix dactylifera L.)* n'était pas seulement pour les anciens une plante importante, c'était aussi un symbole positif : pour les Égyptiens celui de fertilité, pour les Grecs celui de la chance et de la richesse, et pour les Romains une marque d'honneur et un emblème de victoire.

DATTES :

(Du grec *daktylos*, qui signifie « doigt »)
Très nourrissantes, elles peuvent être mangées fraîches ou sèches.
Un palmier peut en produire jusqu'à 270 kilos par an !

PALMES :

Les feuilles du palmier servent à la fabrication de cabanes, de paniers, de cordages, de chapeaux, de nattes et de beaucoup d'autres choses !

TRONC :

Utilisé comme combustible et comme poutre dans la construction des maisons.

Un remède naturel

Fais bouillir des dattes dans de l'eau, tu obtiendras un sirop délicieux, excellent contre la toux et le rhume !
Mais n'oublie pas : en cuisine, fais-toi toujours aider par un adulte !

POUR LES POPULATIONS NOMADES QUI VOYAGENT SANS CESSE À TRAVERS LE DÉSERT, AU MILIEU DES SABLES INHOSPITALIERS, LES DATTES SONT UNE NOURRITURE PRÉCIEUSE. C'EST POURQUOI ON LES APPELLE « LE NECTAR DU DÉSERT ».

Lors des fouilles de la forteresse de Massada, au Moyen-Orient, les archéologues ont retrouvé un noyau de datte vieux de 2000 ans !
Une chercheuse a essayé de le faire germer dans un pot, en prenant soin de recréer son environnement d'origine. Cela paraissait impossible, mais… une petite plante est apparue, qui fut appelée « Mathusalem ».
Personne n'avait jamais réussi à faire germer une graine aussi ancienne !

Recette

DES RECETTES AVEC DES DATTES... MIAM !

Demande l'aide d'un adulte quand tu cuisines !

GÂTEAU DE DATTES

Il semble que ce soit une spécialité tunisienne… mais j'y ai goûté en Égypte et j'ai adoré !

INGRÉDIENTS :

250 g de dattes fraîches ; 100 g de cerneaux de noix ; 100 g d'amandes émondées ; 1 cuillerée de miel ; 80 g de sucre glace ; 60 g de beurre ; 4 œufs ; 30 g de maïzena ; vanille en poudre ; jus d'orange.

PRÉPARATION :

Hache en gros morceaux les dattes, les noix et les amandes. Mélange le tout avec le miel, le sucre glace et le beurre fondu. Sépare les blancs des jaunes puis bats les jaunes jusqu'à ce qu'ils deviennent mousseux. Ajoute au mélange une pincée de vanille et une grosse cuillerée de jus d'orange, puis la maïzena et les fruits hachés. Monte les blancs en neige et incorpore-les délicatement à la pâte. Verse le tout dans un moule enduit de beurre et mets-le au four chauffé à 220 °C. Fais cuire 20 minutes puis baisse la température à 200 °C et laisse encore cuire 15 minutes. Sors le gâteau du four et attends qu'il refroidisse. Important : ne te sers pas du four sans l'aide d'un adulte !

As-tu déjà mangé des dattes avec du fromage ?
C'est délicieux !
Roquefort, chèvre frais, gruyère…
tous les fromages deviennent encore meilleurs
accompagnés d'une datte ! Essaie !

DATTES AU YAOURT

Les dattes peuvent être fourrées avec toutes sortes de choses : des fruits secs, de la pâte d'amande, du chocolat. Je n'avais jamais goûté les dattes au yaourt mais j'ai découvert que c'est exquis !

INGRÉDIENTS :

20 dattes sèches ; 500 g de yaourt nature ; 2 cuillerées de noix de coco râpée ; 1 cuillerée de sucre de canne ; noisettes hachées.

PRÉPARATION :

Mélange le yaourt, la noix de coco et le sucre.
Fais-toi aider par un adulte pour ouvrir chaque datte dans le sens de la longueur et ôter le noyau. Dispose cinq dattes par assiette. Verse sur les dattes la crème au yaourt et saupoudre le tout de noisettes hachées.

Jeux pharaoniques

Aimerais-tu devenir un pharaon célèbre ?
Voici un jeu idéal pour t'amuser avec tes amis.

LE PHARAON ET SES PRINCES

Préparation : Placez votre « trône » à une des extrémités du terrain de jeu et tracez deux lignes : l'une à environ 3 mètres du trône et l'autre à environ dix mètres de la première. Tirez au sort le joueur qui sera votre premier « pharaon » et faites-le asseoir sur son trône. Tous les autres joueurs se tiennent debout derrière la première ligne.

Règles : Chaque joueur choisit un métier (par exemple un métier de l'ancienne Égypte : paysan, scribe, soldat ou bâtisseur). Le pharaon ne doit rien entendre.

Un des joueurs vient se placer sur la première ligne et mime le métier pendant une minute. Le pharaon doit deviner, mais il n'a droit qu'à trois réponses. S'il devine, les joueurs courent vers la deuxième ligne, poursuivis par le pharaon qui essaye de toucher le plus grand nombre de joueurs possible. Dès qu'ils franchissent la seconde ligne, les joueurs sont hors d'atteinte.
Ceux qui ont été touchés deviennent les princes du pharaon et se placent à côté de lui pour l'aider au tour suivant à capturer les autres (mais ils ne peuvent pas l'aider à deviner le métier mimé !). Si le pharaon ne devine pas, il doit quitter son trône et est remplacé par un autre pharaon. Le vainqueur est le pharaon qui a eu le plus de princes durant son règne.

JEUX

LES ÉNIGMES DU SPHINX

DEVINETTE 1

Qu'est-ce qui a des dents mais ne mange pas ?

Devinette 2

Même si je joue à la maison, je me mouille quand il pleut !
Qui suis-je ?

DEVINETTE 3

Quel animal marche sur quatre pattes le matin, deux pattes à midi et trois pattes le soir ?

Énigme 1

Un voyageur est face à deux routes qui mènent chacune vers un pays différent. Dans l'un vivent des gens qui ne disent que la vérité, tandis que dans l'autre tous sont des menteurs. Le voyageur veut aller au pays de la vérité, mais il ne sait pas vers lequel diriger ses pas. Un homme vient vers lui, arrivant d'un de ces deux pays. Lequel ? Le voyageur l'ignore. Quelle question doit-il lui poser, s'il veut savoir quel est le pays de la vérité ?

Énigme 2

Un canot à moteur part d'Alexandrie et arrive au Caire. Un second canot fait le même parcours, mais en sens inverse. Tous deux partent et arrivent en même temps, mais le premier fait le trajet en 1 heure 20 minutes tandis que le second le fait en 80 minutes. Comment est-ce possible ?

DEUX MOTS ET UN NOM SONT CACHÉS DANS LES TROIS MOTS CI-DESSOUS : CHANGE L'ORDRE DES LETTRES, ET TU LES DÉCOUVRIRAS !

ANAGRAMMES

1) TOTALISENT
2) GOYAVE
3) ROSTRE

Les solutions sont à la page 215.

BRICOLAGE

CONFECTIONNE TOI-MÊME TES CADEAUX-SOUVENIRS

Pendant ses vacances en Égypte, Maria a été l'objet de toutes nos attentions et nous l'avons submergée de cadeaux. Elle voudrait nous remercier par un cadeau spécial, alors je lui ai suggéré cette idée amusante pour fabriquer elle-même des « cadeaux-souvenirs ».
Si tu veux, je vais te montrer comment faire !

IL TE FAUT : quelques petites boîtes en carton ; des pages de magazines avec une grande variété de couleurs ; un bâton de colle ; un crayon ; une règle ; une paire de ciseaux.

Et voici comment faire :

1

Choisis un dessin très simple (de préférence géométrique !) et recopie-le au crayon sur le couvercle de la boîte.

2

Dessine sur les pages de magazine des carrés de 1,5 cm de côté pour former une grille. Aide-toi d'une règle et un crayon !

3

Découpe les petits carrés avec patience et avec soin ! Ce seront les éléments de ta mosaïque.

4

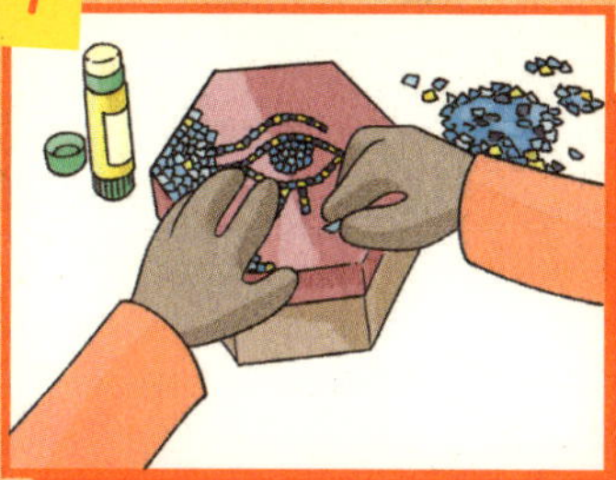

Colle les petits carrés un à un sur le couvercle de la boîte en suivant le dessin que tu avais fait au crayon et en sélectionnant attentivement les couleurs. Chaque petit carré doit être collé avec soin (ce sera plus facile si tu gardes près de toi le modèle du dessin que tu veux réaliser !). Laisse bien sécher pour être sûre que les carrés ne se décolleront pas !

Santé

QUELS BEAUX YEUX !

Quand les anciens Égyptiens de l'Antiquité se maquillaient les yeux, c'était aussi pour les protéger et préserver toute leur beauté et leur santé. Leurs cosmétiques étaient en même temps pour eux des remèdes :
La **galène**, en poudre noire, soulignait le contour des yeux et les protégeait des rayons du soleil ; les onguents à base de **malachite** paraient les paupières d'un beau vert émeraude qui les immunisait contre les infections !

4 CONSEILS POUR AVOIR DES YEUX EN PARFAITE SANTÉ !

1. Mange beaucoup de légumes, en particulier du céleri, des carottes, des épinards, des endives et du persil.
2. Dors suffisamment : ni trop longtemps, ni pas assez !
3. Les muscles des yeux ont besoin d'être tonifiés : fais-leur faire de la gymnastique !
4. Les jours de grand soleil, n'oublie pas de mettre tes lunettes de soleil !

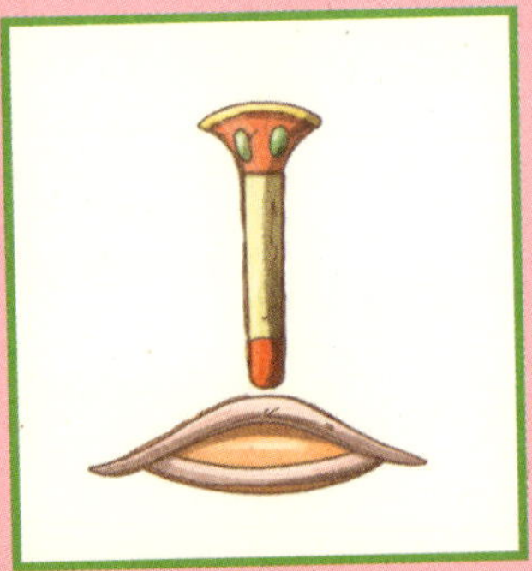

VOICI LE HIÉROGLYPHE QUI REPRÉSENTE LA POUDRE NOIRE DE GALÈNE. LITTÉRALEMENT, IL VEUT DIRE : « QUI FAIT PARLER LES YEUX. »

Un regard de reine

Voici quelques gestes simples pour « faire parler tes yeux » comme une vraie reine d'Égypte ! Un maquillage idéal pour une fête à thème avec tes amies ! Demande conseil à une adulte pour choisir les produits qui conviennent le mieux à ta peau.

1

Avec un crayon noir pour les yeux, trace deux lignes épaisses : une au-dessus, l'autre au-dessous de chaque œil, puis fais-les se rejoindre aux extrémités... ou prolonge-les vers l'extérieur en dessinant la queue d'un poisson.

2

Un peu de couleur ? Si tu as les yeux clairs, applique sur tes paupières un fard vert émeraude. Si tu as les pupilles foncées, tu peux choisir un fard doré.

3

Un peu de brillant pour les lèvres, et le tour est joué !

4

Important : la fête finie, n'oublie pas de te démaquiller avec un lait ou une lotion pour le contour des yeux !

L'OBÉLISQUE

Devant les temples de l'Égypte ancienne se dressaient deux obélisques. C'étaient des monuments hauts et étroits, comme des colonnes, mais à la base carrée et qui se terminaient par une pointe en forme de pyramide. Le sommet des obélisques était recouvert d'or ou de cuivre doré qui les faisait resplendir au soleil !

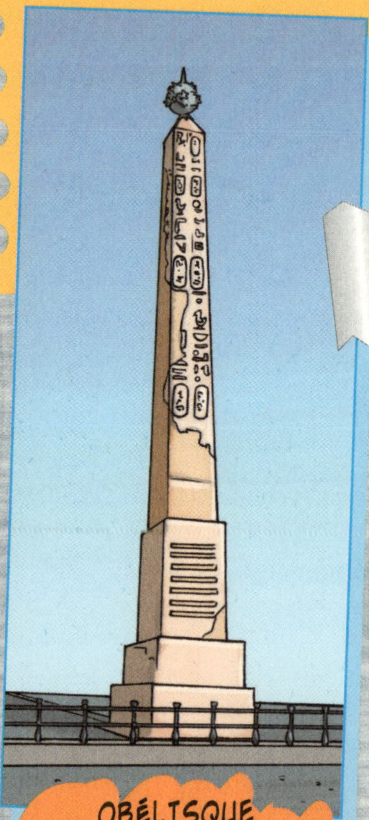

OBÉLISQUE DE LA CONCORDE À PARIS

Les obélisques de l'ancienne Égypte étaient souvent couverts de hiéroglyphes, les signes qui constituaient l'écriture par images au temps des pharaons.
Maria a été fascinée par ces hiéroglyphes et a décidé d'inventer son propre alphabet en images : nous avons trouvé l'idée fantasouristique !
Essaie toi aussi de créer ton alphabet en images : c'est l'idéal pour échanger des messages secrets avec tes meilleures amies !

CURIOSITÉ

L'obélisque de la place de la Concorde, à Paris, fut offert à la France en 1830 par le vice-roi d'Égypte Méhémet Ali. Il provient du temple de Louxor. Sur une de ses faces on peut voir Ramsès II faisant une offrande au dieu Amon-Râ.

L'ALPHABET DE MARIA !

Créer un alphabet en images ? Rien de plus simple !
Vous pouvez choisir un style égyptien, ou celui que vous préférez.
Associez à chaque lettre un dessin, puis utilisez les lettres ainsi créées pour composer votre message.
Seuls ceux de vos amis à qui vous communiquerez l'alphabet complet pourront déchiffrer vos secrets !

VOICI COMMENT APPARAÎT LE NOM DE MARIA DANS NOTRE NOUVEL ALPHABET EN IMAGES ! QU'ATTENDEZ-VOUS POUR CRÉER AUSSI LE VÔTRE ?

VOICI L'ALPHABET DES TÉA SISTERS !

JEU

Le ***Seneth*** était un jeu très populaire dans l'ancienne Égypte. De nombreuses tablettes de *Seneth* ont été retrouvées mais, malheureusement, aucune description détaillée du jeu ! Des chercheurs ont essayé d'en reconstituer les règles. Essaie d'y jouer toi aussi !

SENETH SIGNIFIE « PASSAGE » ET LES PIONS DU JEU SONT APPELÉS AB, CE QUI VEUT DIRE « DANSEUSES » MAIS AUSSI « ACROBATES ».

DE QUOI AS-TU BESOIN ?

Voici une tablette de *Seneth* (tu peux reproduire celle-ci, en l'agrandissant) ; cinq pions blancs et cinq noirs ; quatre bâtonnets avec un côté blanc et un côté noir (il suffit de colorer en noir d'un seul côté des bâtonnets d'esquimau !).

SENETH : LE JEU DES PHARAONS

LES RÈGLES DU SENETH

Voici les règles du jeu reconstituées par l'égyptologue anglais John Tait :

1) Il se joue à deux. Chaque joueur a cinq pions de la même couleur.
Au départ tous sont à l'extérieur de la tablette.
Pour entrer dans la partie, chaque pion doit d'abord obtenir 4 ou 6 points.

2) Pour savoir de combien de cases chaque pion pourra avancer, il faut lancer les quatre bâtonnets de bois. Ceux qui retombent en laissant voir le côté noir donnent un point au joueur ; le côté blanc ne vaut rien, sauf si tous les bâtonnets montrent le côté blanc. Le joueur obtient alors 6 points.

3) Une fois entrés dans le jeu, les pions progressent de la case 1 à la case 30.

4) Si un pion tombe sur une case occupée par l'adversaire, il prend sa place et contraint l'autre pion à recommencer tout à zéro. Seule la case 15 est protégée, et le pion qui l'occupe ne peut la quitter (si la case est déjà occupée, le joueur doit relancer les bâtonnets).

5) Si le joueur atteint la case 26, il peut lancer les bâtonnets à nouveau. Mais s'il atterrit dans la case 27, il doit tout recommencer depuis le début !

6) Les trois dernières cases sont celles de la sortie. Les plus importantes ! Pour que le parcours soit complet et que les pions de notre joueur en sortent gagnants, il faut qu'il obtienne un nombre de points précis : s'il en a plus qu'il n'en faut, il perd son tour.

7) Le gagnant est celui qui le premier retire tous ses pions de la tablette !

LE JEU DE MARIA

LES INTRUS

Maria a réalisé un collage qu'elle apportera à son collège quand elle rentrera au Pérou. Elle a découpé et collé sur un album des photographies des monuments les plus beaux et les plus célèbres d'Égypte mais, emportée par l'enthousiasme, elle en a mis deux de trop !

Lesquels de ces monuments ne se trouvent pas en Égypte ?

La solution se trouve à la page 215.

TEST !

ES-TU UNE BATTANTE ?

Cette aventure en Égypte a mis à l'épreuve les caractères des Téa Sisters ! T'es-tu demandé comment tu réagirais dans une situation aussi éprouvante ? Eh bien… inutile de partir à la recherche du Trésor du Soleil pour le découvrir… Dans la vie de tous les jours aussi, notre caractère est souvent mis à rude épreuve.
Je vais te le démontrer avec ce test !

DÉPART

1. Le professeur rend les devoirs corrigés et le tien… est le pire de tous ! Comment réagis-tu ?

A. Tu hausses les épaules.
B. Tu es déçue, mais tu ne laisses rien voir.
C. Tu fonds en larmes.

2. Le professeur s'étonne que tu aies commis autant d'erreurs. Que réponds-tu ?

A. Tu ne dis rien et tu fais la tête.
B. Tu dis que le jour du devoir tu n'étais pas concentrée et tu lui demandes de t'interroger la prochaine fois, pour te rattraper.
C. Tu déclares que le devoir était trop difficile.

3. Tu rentres du collège avec tes amies qui discutent de leurs notes. Que fais-tu ?

A. Tu les quittes brusquement, avec un gros soupir.
B. Tu discutes avec elles des erreurs que tu as commises.
C. Tu restes à l'écart, avec ton cafard.

4. À la maison ta mère te demande comment s'est passée ta journée. Que lui réponds-tu ?

A. Super !
B. Tu lui montres ton devoir et tu promets que tu feras mieux la prochaine fois.
C. Tu ne réponds pas et tu pars t'enfermer dans ta chambre.

5. Tu sors tes cahiers de ton sac et… tu tombes sur ton devoir ! Que fais-tu ?

A. Tu le remets vite au fond du sac !
B. Tu regardes attentivement tes fautes.
C. Tu essayes de le relire, mais tes yeux se remplissent de larmes et tu ne vois plus rien.

Compte combien de réponses A, B et C tu as données et regarde la solution du test à la page suivante.

SOLUTIONS DU TEST ES-TU UNE BATTANTE ?

Majorité de réponses A

Tu sembles être une « super-battante » mais… attention ! N'en fais pas trop ! Il est vrai qu'une mauvaise note n'est pas une raison suffisante pour se désespérer, mais il n'est pas très bon non plus de frimer ! Tu ferais mieux de te retrousser les manches pour remonter ta moyenne !

Majorité de réponses B

Tu es une vraie « battante » ! Tu reconnais tes erreurs et tu réagis avec humilité pour y remédier. Tu sais ce que tu vaux et que tu peux y arriver.

Ce n'est pas une mauvaise note aujourd'hui ni une autre difficulté demain qui vont te mettre K.-O. !

Majorité de réponses C

Tu te sens mal à l'aise et tu manques d'assurance ?

Je suis sûre que tu es parfaitement à la hauteur. Tu as seulement besoin d'une amie qui croie en toi et te montre ta valeur. Tu as en toi une énorme énergie qui doit trouver à s'exprimer autrement qu'en éclatant en sanglots ! Si tu as une véritable amie près de toi, tu verras qu'ensemble c'est… de rire que vous éclaterez !

Solutions !

SOLUTIONS POUR RÉFLÈTS SUR LE NIL (P. 192-193)

SOLUTIONS POUR LES ÉNIGMES DU SPHINX (P. 200-201)

DEVINETTES : 1) Le peigne. 2) Je suis une équipe de football, quand elle joue sur son terrain. 3) L'homme : enfant il marche à quatre pattes, adulte il marche sur ses deux jambes, vieillard il s'appuie sur sa canne.

C'est une devinette très ancienne et célèbre : le Sphinx l'aurait posée à Œdipe quand il arriva aux portes de Thèbes !

ÉNIGMES : 1) Il suffit que le voyageur demande : « Emmène-moi dans ton pays. » Si son interlocuteur est sincère, il l'emmènera au pays de la vérité. S'il ment, il l'amènera également au pays de la vérité !

2) Parce qu'ils mettent exactement autant de temps. Une heure est en effet constituée de 60 minutes, donc une heure et vingt minutes équivalent à 80 minutes.

ANAGRAMMES : 1) TEA STILTON 2) VOYAGE 3) TRÉSOR

SOLUTIONS POUR LES INTRUS (P. 210-211)

a) Temple de Louxor (Égypte)
b) Colisée (Italie)
c) Pyramides de Gizeh (Égypte)
d) Pyramides mayas de Kukulcàn (Mexique)
e) Temple d'Abou Simbel à Assouan (Égypte)
f) Sphinx de Gizeh (Égypte)

Table des matières

Geronimo Stilton

DANS LA MÊME COLLECTION

1. Le Sourire de Mona Sourisa
2. Le Galion des chats pirates
3. Un sorbet aux mouches pour monsieur le Comte
4. Le Mystérieux Manuscrit de Nostraratus
5. Un grand cappuccino pour Geronimo
6. Le Fantôme du métro
7. Mon nom est Stilton, Geronimo Stilton
8. Le Mystère de l'œil d'émeraude
9. Quatre Souris dans la Jungle-Noire
10. Bienvenue à Castel Radin
11. Bas les pattes, tête de reblochon !
12. L'amour, c'est comme le fromage...
13. Gare au yeti !
14. Le Mystère de la pyramide de fromage
15. Par mille mimolettes, j'ai gagné au Ratoloto !
16. Joyeux Noël, Stilton !
17. Le Secret de la famille Ténébrax
18. Un week-end d'enfer pour Geronimo
19. Le Mystère du trésor disparu
20. Drôles de vacances pour Geronimo !
21. Un camping-car jaune fromage
22. Le Château de Moustimiaou
23. Le Bal des Ténébrax
24. Le Marathon du siècle
25. Le Temple du Rubis de feu
26. Le Championnat du monde de blagues
27. Des vacances de rêve à la pension Bellerate
28. Champion de foot !
29. Le Mystérieux Voleur de fromages
30. Comment devenir une super souris en quatre jours et demi
31. Un vrai gentilrat ne pue pas !
32. Quatre souris au Far-West
33. Ouille, ouille, ouille... quelle trouille !
34. Le karaté, c'est pas pour les ratés !
35. L'Île au trésor fantôme

36. Attention les moustaches... Sourigon arrive !
37. Au secours, Patty Spring débarque !
38. La Vallée des squelettes géants
39. Opération sauvetage
40. Retour à Castel Radin
41. Enquête dans les égouts puants
42. Mot de passe : Tiramisu
43. Dur dur d'être une super souris !
44. Le Secret de la momie
45. Qui a volé le diamant géant ?
46. À l'école du fromage
47. Un Noël assourissant !
48. Le Kilimandjaro, c'est pas pour les zéros !
49. Panique au Grand Hôtel
50. Bizarres, bizarres, ces fromages !
51. Neige en juillet, moustaches gelées !
52. Camping aux chutes du Niagara
53. Agent secret Zéro Zéro K
54. Le Secret du lac disparu
55. Kidnapping chez les Ténébrax !
56. Gare au calamar !

- **Hors-série**
  Le Voyage dans le temps (tome I)
  Le Voyage dans le temps (tome II)
  Le Royaume de la Fantaisie
  Le Royaume du Bonheur
  Le Royaume de la Magie
  Le Royaume des Dragons
  Le Secret du courage
  Énigme aux jeux Olympiques

- **Téa Sisters**
  Le Code du dragon
  Le Mystère de la montagne rouge
  La Cité secrète
  Mystère à Paris
  Le Vaisseau fantôme
  New York New York !
  Le Trésor sous la glace
  Destination étoiles
  La Disparue du clan MacMouse
  Le Secret des marionnettes japonaises

- **Le Collège de Raxford**
  Téa Sisters contre Vanilla Girls
  Le Journal intime de Colette
  Vent de panique à Raxford
  Les Reines de la danse

- **Les classiques racontés par Geronimo Stilton**
  Robin des Bois
  L'Île au trésor
  Le Livre de la jungle

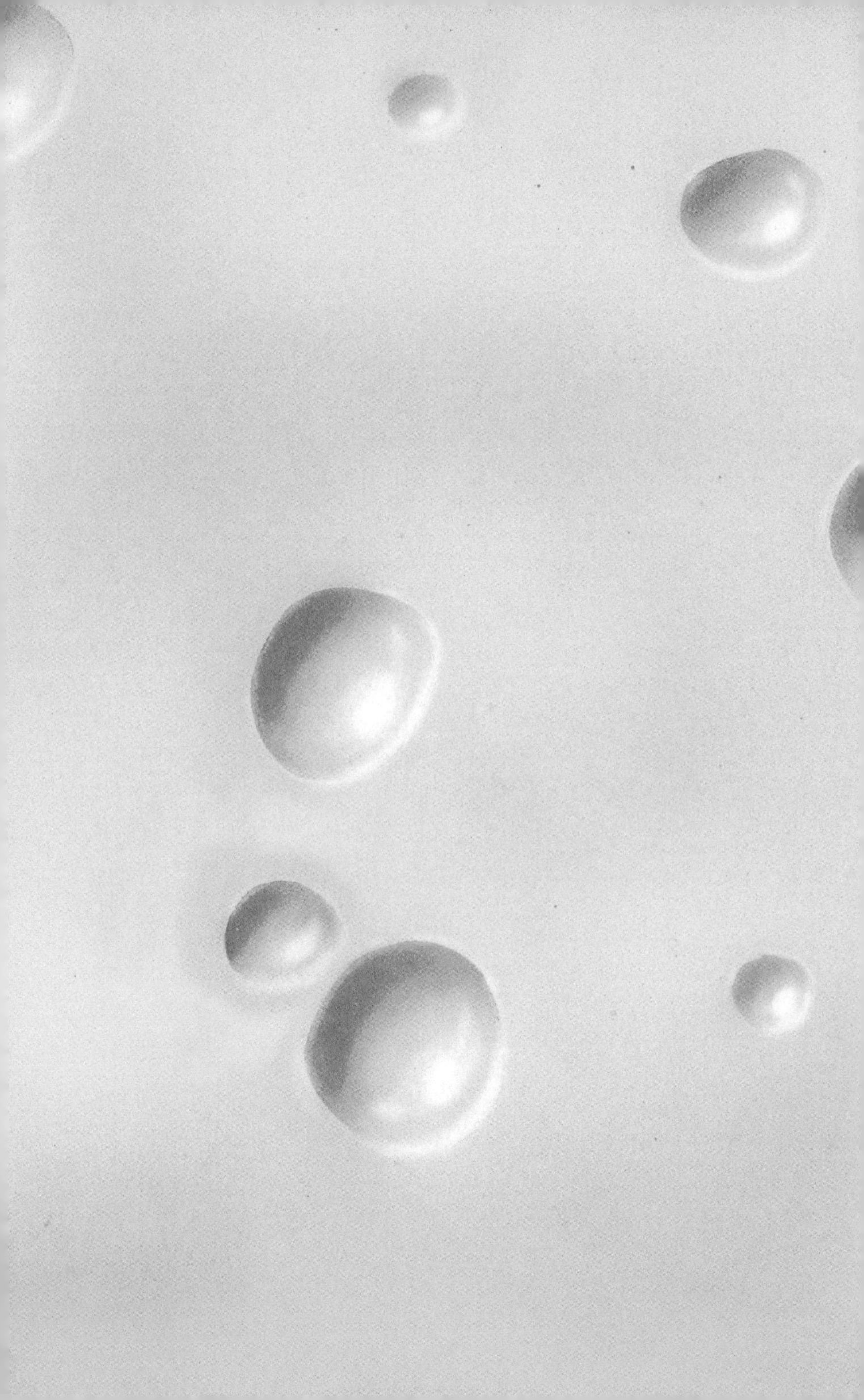

N
S
1
2
3
4
5
6
7
8
9
10
11
11
12
13
14
15
16
17
18
19
20
21
22
23
24
25
ÎLE
DES BALEINES

L'île des Baleines

1. Pic du Faucon
2. Observatoire astronomique
3. Mont Ébouleux
4. Installations photovoltaïques pour l'énergie solaire
5. Plaine du Bouc
6. Pointe Ventue
7. Plage des Tortues
8. Plage Plageuse
9. Collège de Raxford
10. Rivière Bernicle
11. *L'Antique Cancoillotterie*, restaurant et siège des *Messageries Ratiques – Transports maritimes*
12. Port
13. Maison des Calamars
14. *Zanzibazar*
15. Baie des Papillons
16. Pointe de la Moule
17. Rocher du Phare
18. Rochers du Cormoran
19. Forêt des Rossignols
20. Villa Marée, laboratoire de biologie marine
21. Forêt des Faucons
22. Grotte du Vent
23. Grotte du Phoque
24. Récif des Mouettes
25. Plage des Ânons

Au revoir,
à la prochaine aventure !

Téa Sisters

COLLÈGE
DE
R
RAXFORD